내일 수업
어떻게
하지?

내일 수업
어떻게
하지?

초판 1쇄 발행 2015년 3월 28일
초판 9쇄 발행 2023년 3월 15일

지은이 김명숙, 김미경, 송주희, 윤혜정, 이소영, 정정숙, 정철희, 최정연
펴낸이 김승희
펴낸곳 도서출판 살림터

기획 정광일
편집 조현주
북디자인 꼬리별

인쇄·제본 신화프린팅
종이 (주)명동지류

주소 서울시 양천구 목동동로 293, 2215-1호
전화 02-3141-6553
팩스 02-3141-6555
출판등록 2008년 3월 18일 제313-1990-12호
이메일 gwang80@hanmail.net
블로그 http://blog.naver.com/dkffk1020

ISBN 978-89-94445-85-4 03370

작지만 큰 변화를 일으킬 43가지 수업 비법

내일 수업 어떻게 하지?

아이함께 지음
김명숙·김미경·송주희·윤혜정
이소영·정정숙·정철희·최정연

살림터

우리의 젊은 교사 여덟 분이 드디어 '내일 수업 어떻게 하지?'라는 참신한 제목의 책을 내놓았습니다. 같은 길을 걷고 있는 이 노병의 기쁨이 이만저만하지가 않습니다.

이 책을 읽어보니, 제가 오랫동안 듣고 싶어 했던 "김 선생, 내일 수업 어떻게 하지?"로 시작되는 대화였습니다. 그동안 그렇게 듣고 싶어 했던 대화를 이들에게서 듣고 크나큰 기쁨을 느끼며, 진심에서 우러나온 축하의 말씀을 드리는 바입니다.

그동안 수업과 관련된 책이 적지 않게 나왔습니다. 그런데 대부분이 수업에 관한 '정신 훈화'로 채워진 책이었습니다. 수업이라는 사실 속에서 이루어진 땀으로 얼룩진 실천이 그대로 그려진 책은 거의 만날 수가 없었습니다.

젊은 시절에 책을 많이 읽으셨던 교장선생님들을 만나 뵈면 한결같이 '젊은 교사들이 책을 읽지 않는다.'는 아쉬움을 말씀하시곤 합니다. 저는 그런 말씀을 들을 때마다 공감하면서도 한 가지 생각을 합니다. 사람이 책을 읽는 목적이 여러 가지겠지만, 수업을 전문으로 하는 젊은 교사들이 읽고자 하는 책은 그들이 날마다 부딪치는 고뇌에 해답을 주는, 곧 수업이라는 사실 속에서 실천적으로 갈고 다듬어진 수업의 방법·기술, 그것으로 가득 찬 책일 것입니다.

우리의 젊은 선생님들은 이런 책을 만나면 밤을 새워가며 읽고 또 읽을 것이며, 거기에서 얻은 수업의 방법·기술을 적용하여 수업함으로써 꿈에도 소망해 마지않았던, 모두가 제대로 학습하는 수업을 이루고자 '이 밤이 왜 이리 길지?!' 하면서 아침을 기다릴 것입니다.

모든 실천 기록들이 다 그런 것처럼 여덟 분의 젊은 선생님들의 땀 어린 실천 기록인 『내일 수업 어떻게 하지?』가 선생님들이 가지고 있는 모든 고뇌에 응답해줄 수는 없을 것입니다마는, 응분의 도움을 줄 수 있으리라 믿어 의심하지 않습니다.

이것을 계기로 하여 더욱 깊이 모색하시고 정진하시길 바랍니다.

2015년 3월
한형식_한국수업기술연구회장

　각종 교육 서적들과 연수회를 통해 이론과 실습의 과정을 거쳐 선생님이 되었지만 막상 교실 현장에선 이런 것들이 무용지물이 되어 속상했던 경험이 있을 겁니다. 매일 교과서와 지도서를 펼쳐놓고 열심히 수업 준비를 해보지만 막상 아이들 앞에 서면 뜻밖의 변수가 등장하곤 하지요. 가르침은 있되 배움은 없었던, 지금 생각하면 참 얼굴이 화끈거리는 수업이 많았습니다.

　그렇게 경력 교사가 된 지금도 수업은 결코 쉬워지지가 않습니다. 매일 똑같은 행위를 반복하는 것 같지만 같은 학년, 같은 교과를 해도 한 번도 같을 수 없는 것이 수업이기 때문입니다. 수업은 언제나 새롭고 어려우며, 해보기 전에는 어떤 일이 일어날지 알 수 없는 미지의 세계입니다.

　좋은 수업이란 무엇일까? 어떻게 하면 모든 아이들이 즐겁게 수업에 참여할 수 있을까? 아이들의 삶과 교과 내용을 연결시키려면 어떻게 해야 할까? 또, 생각을 키우는 공책 쓰기와 판서는 어디서부터 시작해야 하는가?

　이 같은 질문에 답을 찾기 위해 헤매다 만난 곳이 바로 아이함께 연구회였습니다. 여기서 우리는 함께 수업 고민을 나누며 진정한 수업 친구가 되었고, 수업에서의 실패와 성공담을 통해 교사로 성장하는 기쁨과 보람을 느낄 수 있었습니다. 14년째 접어든 연구회에서 우리가 함께 배우고 실천하는 과정에서 쌓아온 것들을 세상에 내놓아 더 많은 교사들과 나누고자 합니다.

이 책은 연구회에서 십여 년간 함께 성장한 여덟 명 교사들의 공동 사고, 공동 실천을 통해 검증된 수업 사례의 모음입니다. 이론에 치우친 딱딱한 교수학습 서적과 달리 마치 옆 반 동료에게 일러주듯 사실적인 설명과 구체적인 수업 사례를 함께 실었습니다. 그래서 교사라면 누구나 쉽게 읽고 일상의 수업에 바로 적용할 수 있도록 구성되어 있습니다.

교사의 교육철학은 수업의 큰 틀을 설계하는 것에서부터 한마디 발문, 판서 한 줄, 하물며 아이들의 책상을 배치하는 방법 하나에도 담길 수 있습니다. 학생 중심, 배움 중심 교육철학을 바탕으로 수업의 큰 변화를 일으킬 만한 작지만 효과적인 수업 비법들을 여기에 담았습니다. 그 작은 일은 결코 작은 일이 아닐 것입니다.

이 책이 발문과 지명, 판서조차 어려운 새내기 교사에서부터 협동학습, 시뮬레이션 수업과 같은 새로운 수업 기법이 낯선 고경력 교사에 이르기까지 수업을 잘하고 싶은 모든 선생님들에게 반가운 선물이 되기를 기대합니다. 그러한 작은 실천이 교실에서 꽃을 피워 우리 아이들이 수업 속에서 좀 더 성장하고 행복해졌으면 좋겠습니다.

2015년 3월
글쓴이 일동

1부

수업이란 무엇일까?

오늘 수업 어땠어?

수업에서 나를 힘들게 하는 것들

나를 성장시킨 수업

내가 생각하는 좋은 수업

오늘 수업 어땠어?

"오늘 수업 어땠어?"

"오늘 수업이 뭐? 그냥 수업이었지."

우리는 매일 수업을 마주하고 있다. 할 말이 많을 것도 같은데 막상
이런 질문을 받고 보니 정작 할 말이 별로 없다.

연구 수업도 아니고 공개 수업도 아닌 별 준비 없이 하는 일상의 수
업에 대해서 이야기하는 것은 서로의 민낯을 보여주는 일이다. 그런
내 수업을 마주하기 위한 우리들의 이야기는 이렇게 시작되었다.

부끄럽지만 저는 이런 질문 자체를 처음 받아보았고, 그런 질
문에 대한 생각도 처음 해보았어요. 그리고 보니 제 수업에 대해
서 진지하게 생각해본 적이 없는 것 같아요. 제가 연구 수업이나
공개 수업을 목적으로 한 수업은 마치고 나면 후회도 있었고 반
성도 있었는데, 그냥 하고 있는 일상의 수업은 매일 하는 거니까
고민 자체가 없었던 거죠.

제대로 준비 안 된 수업이었죠

이번 주 국어 수업을 하는데 시간이 지날수록 아이들 눈빛이 점점 흐려지는 거예요. 아주 실망스러운 국어 수업이었어요. 이유를 생각해보니 내가 수업 준비를 안 했기 때문에 텍스트 해석에만 집중해서 너무 내 말만 열심히 했던 거예요. 수업을 준비하지 못했다는 자책감 때문이랄까 더 열정적으로 억지스럽게 수업을 몰아갔던 것 같아요.

미처 준비를 못해 허둥지둥 교사용 지도서를 쫓아가기 바쁜 수업을 했어요. 이렇게 수업에 대한 자신감이 떨어지면 학생들의 의견에 대한 수용도도 함께 떨어지는 걸 느껴요. 다양한 의견을 들어주지 못하게 되니까 의사소통이 부자연스러워져서 수업의 흐름이 끊어지는 거죠. 이럴 땐 결국 교사도 학생도 모두 불만스러운 수업이 돼버리더라고요.

본 활동을 마치고 시간이 남아서 수학 익힘책 부록으로 다양한 도형 만들기를 하게 했어요. 그런데 아이들은 지난 시간에 했던 거랑 비슷해서인지 하기 싫었던 모양이에요. 그러다 보니 장난을 치고 떠들게 되고 저는 야단을 치게 되고……. 미리 시간을 예상하고 익히는 활동을 보물찾기같이 재미있는 방법으로 준비했으면 좋았을 텐데 그러지 못한 거죠. 교사의 무지나 준비하지 못한 모습을 들키지 않으려고 아이들에게 그 책임을 돌릴 때도 있어요. 솔직하지 못한 수업이죠.

뜻밖의 경험을 했어요

이번 주 수학 수업은 수 모형으로 조작 활동을 하고 나서 수학 익힘책 두 장을 푸는 것이었어요. 어떤 애들은 한 바닥도 못 푸는데, 어떤 애는 두 장을 금방 다 풀어버리는 거예요. 모두 다 할 때까지 기다릴 수는 없으니 한두 명 남았을 때 다음 활동으로 넘어갔어요. 그런데 그때 "선생님, ○○이는 아직 덜 풀었어요." 하는 거예요.

그 말을 들은 ○○는 평소 수학을 어려워하는 아이였는데 바로 울먹이더라고요. 그래서 사과를 시켰더니 옆에 다른 친구가 이렇게 말하더군요.

"○○이는 수학은 좀 못하지만 땅 파기를 잘해요."

"○○이는 곤충을 잘 알아요."

저마다 ○○의 칭찬을 한마디씩 하면서 그 친구를 위로해주는 거예요. 수학 시간이었는데 갑자기 바른생활 수업 시간이 되어서 우리 반 전체가 따뜻해지는 느낌을 받았어요. 아이들이 수학놀이 활동을 할 때면 서로 싸우고 사소한 것 가지고도 많이 다투는데, 이런 과정을 거치고 나니까 그다음 활동이 아주 편안하게 잘 흘러갔어요.

어제 수학 수업을 마칠 즈음, 수업 시작 때 오답을 이야기한 아이가 "선생님, 그거 이제 알겠어요." 하는 거예요. 아이의 기뻐하는 모습에 저도 기뻤죠. 그리고 오늘은 수학 수업을 마치는데 "선생님, 이상한 게 있어요. 이렇게 소수와 소수 나누기를 하면 나머지가 소수 첫째자리가 아니고 소수 둘째자리 아닌가요?"라고 질문하는 거예요. 전 깜짝 놀랐죠. 아이의 오답이 흥미로웠거든요. 그래서 흐뭇해하며 그 아이에게 말해주었죠.

"네가 지금 이걸 보면서 또 다른 궁금한 점이 생겼구나. 오늘 공부를 아주 잘했어. 다음 시간에 이 궁금증에 대한 것으로 수업을 시작해보자."

재미있거나 재치 있는 글을 다루는 국어 수업이었어요. 교과서 텍스트가 짧아서 도서관에 가서 재미있는 책을 직접 찾아보자고 했어요.

그런데 평소 장난으로 지적을 종종 받는 남학생이 있는데 그날 그 아이의 새로운 면을 발견하게 되었어요. 6학년 남학생인데도 친구들에게 『구름빵』 그림책을 동화 구연처럼 읽어주는 거예요. 다른 아이들도 아주 재미있어하며 듣고 있고요. 그렇게 읽고 교실로 돌아와 도서관에서 읽은 책 중에서 가장 재미있는 책을 말해보자고 했더니 그 아이가 읽어주었던 『구름빵』을 많이 선택하더라고요. 읽어주는 방법이 재미있어서 내용까지 재미있게 받아들인 거죠. 정말 뜻밖의 경험이었어요.

수업은 나 혼자 하는 것이 아니더군요

수학 수업을 할 때 제가 설명하지 않고, 아이들 나름대로 원리와 방법을 생각해보고 각자의 방법을 친구들 앞에서 설명하게 하는 경우가 많아요. 그렇게 하면 제가 생각했던 것보다 훨씬 다양한 생각이 나오기도 하고 그 과정에서 배운다고 생각하거든요.

아이들끼리 왜 그렇게 생각했는지 서로 이야기하다 보면 몰랐던 아이가 '아, 그렇구나!' 하며 눈빛이 반짝일 때가 있어요. 아이들이 교사가 아닌 학급 친구를 통해 배우는 모습을 보는 것이 정말 좋아요.

저도 수학 시간에 제가 설명하기보다 아이들이 앞에 나와서 설명하고 토론하는 수업을 많이 합니다. 서로 배우고 나누는 거죠. 그런데 그 과정이 때로는 지루하고 더 복잡해지는 경우도 있거든요. 그래서 우리 반에서 수학을 힘들어하는 아이에게 미안한 마음에 물어봤어요.

"친구들이 푸는 방법에 대해 설명하는 게 어렵지 않아? 수학 시간 힘들지 않니?"

그랬더니 괜찮다는 거예요. 이번 시간에 몰랐던 것을 다음 시간에 알게 되는 경우도 있고, 그때 새롭게 알게 되는 것도 있어서 어렵지 않다는 거예요.

그리고 이번에는 잘하는 아이에게도 물어봤어요.

"너는 미리 다 알고 있는 건데 수업 시간에 지겹지 않아?"

그랬더니 그 아이도 아니라는 거예요. 친구들 앞에서 설명하다 보면 부족한 부분도 알게 되고 애매했던 부분을 더 확실하게 알게 되는 것이 있다고요.

'무슨 걱정을 했던 거지? 내가 교사의 관점으로만 수업을 보고 있구나.'

수업에 대해서 교사가 성급하게 결론을 내리고, 혼자 자책할 필요가 없는 것 같아요.

국어 시간에 시간 순서를 바꾸어 전개한 글의 효과에 대해 공부하는 중이었어요. 제재가 안중근 의사에 관련된 것이었습니다. 몇 개의 발문으로 내용을 파악한 후, 시간 순서를 바꾼 것과 시간 순서대로 전개했을 때를 비교하여 그 효과를 알아보려고 수업 계획을 세웠어요. 근데 아이들이 내용 자체에 꽂힌 거예요. 이미 위인전을 읽은 한 아이가 안중근 의사 어머니가 쓴 편지 내용을 소개하니, 다른 쪽에서는 얼마나 명사수였는지 덧붙이고, 김구 선생과의 관계를 말하는 아이도 있고. 아이들의 풍부한 관심과 이야기로 수업은 더욱 흥미진진했지만 제가 수업에서 의도한 것과는 멀어졌죠. 아이들이 서로 배우고 나누는 수업을 하다 보면 수업 주제와 상관없이 아이들 이야기가 산으로 갔다 바다로 갔다 할 때가 있어요. 아이들이 생각할 수 있게 기다려주고 서로 들어주고 해야 하지만 계속 내버려둘 수는 없잖아요? 준비한 수업 분량도 있고 다른 반과 진도도 맞춰야 하니까요. 그래서 적절한 시점에 정리는 해야 하는데 문제는 나서야 할 때가 언제인지 판단이 잘 안 선다는 거죠.

오늘도 아이들에게 배웠어요

며칠 전 '오각형의 한 내각의 크기는 몇 도일까?'라는 주제로 수학 수업을 했는데 이게 결과적으로 저와 아이들에게 모두 의미 있는 수업이었어요. 학습 주제가 조금 어려워서 혼자 해결하기보다는 협력해서 탐구 활동을 하는 것이 좋겠다고 생각했거든요. 그래서 짝 활동과 모둠 활동을 계획했는데, 한편 제대로 할까 걱정이 됐어요. 근데 아이들이 엄청 적극적으로 탐구 활동을 하는 거예요. 한 가지 방법 정도만 찾아내지 않을까 예상했는데 독창적인 방법을 네 가지나 찾아내는 걸 보고 정말 놀랐어요. 아이들은 제 예상을 뛰어넘었어요.

이번 주에 공개 수업을 했는데 아이들이 아닌 나를 위한 수업을 했다는 자책이 들어요. 무지개 물고기 이야기를 듣고 "무지개 물고기가 파란 꼬마 물고기에게 비늘을 주었을 때 기분이 어떠하였을까요?"라고 물었어요. 제가 예상한 답은 "파란 꼬마 물고기가 기뻐하니까 같이 기뻤을 것이다."였거든요. 그런데 이 답이 안 나오는 거예요. 대신 "나라면 아까워서 남 주기 싫을 거 같은데요."라는 답이 나왔죠. 그제야 생각해보니까 1학년 아이들이 자기가 아끼는 물건을 남에게 주는 게 쉬운 일이 아니더라고요.

공개 수업에서는 다른 변수가 생기면 안 되니까 그냥 얼렁뚱땅 다음 역할놀이 활동으로 넘어가버렸어요. 지금 생각하면 그 답이 참 좋은 답이었는데……. 솔직한 그 답을 인정해주고 "나라면 은빛 비늘을 줄 수 있었을까?"로 토론 수업을 진행했어도 참 재미있었겠다 싶었어요. 그런 고민 끝에 아깝지만 친구를 위해 내 것을 양보하는 것이 배려이고 그런 상황에서 부탁의 표현과 진정한 고마움의 표현을 배우게 했어야 한다는 반성이 들었어요. 무지개 물고기 그림 자료를 예쁘게 만들면 아이들이 참 좋아할 줄 알았는데 그것도 금방이더라고요. 제가 아이들에 대해 참 모르는 게 많구나 싶어요.

제대로 가르쳤나? 제대로 배웠을까?

　과학 용액의 진하기를 알아보는 실험 수업이었어요. 아이들이 생각해서 나올 만한 가설을 몇 개 받고, 그것에 맞는 실험 설계를 하고 예시를 몇 개 보여주었어요. 그런데 제가 실험 방법을 한 단계 설명하고 보여주고, 또 한 단계 설명하고 보여주니까 아이들이 차근차근 따라오지 않는 거예요. 그러다 보니 수업이 너무 힘들어지고요. 아이들은 단계마다 실험을 멈추지 않고 계속하고 싶어 하는데, 그러면 아이들이 중요한 부분을 놓칠 수도 있으니까 저는 그 설명을 포기할 수가 없었거든요. 그런데 수업을 마치고 보니 아이들은 충분히 실험을 하지 못했다는 아쉬움이 있었고, 저는 반대로 아이들이 이 수업에서 꼭 알아야 되는 것을 제대로 배웠나? 하는 회의가 들었어요.

　어제 교과서를 덮어둔 채 원의 넓이를 구하는 방법을 알아보는 수업을 했어요. 원을 이미 우리가 배운, 다른 도형으로 바꾸어서 넓이를 구할 수 있는 방법을 아이들 나름대로 생각하게 했거든요. 그런 다음 자신들의 생각이 맞는지 조작 활동을 통해 확인해보고 모둠별로 원의 넓이 구하는 방법을 의논해서 적어보게 했어요. 그러고 난 후 저와 함께 원의 넓이 구하는 방법을 정리하고 수업을 마쳤어요. 그 수업이 어땠는지 궁금한데 아이들한테 물어볼 시간적 여유가 없더라고요. 그래서 공책에 수학 일기를 쓰게 했어요. "너희들의 소중한 생각이 선생님이 다음 수업을 준비하는 데 도움이 된다."고 말하고 솔직하게 적도록 했지요. 그걸 받아보니 아이들이 수업 중에 이야기하지 못했던 또 다른 생각도 알 수 있고, 공식으로 정리하는 과정에서 이해하기 어려워하는 부분을 알 수 있어 좋았어요. 그래서 다음 수학 시간에 많은 아이들이 이해하지 못한 부분을 다시 설명해주며 수업을 시작했어요. 그제야 제대로 이해했다는 듯 고개를 끄덕이더라고요.

수업은 교사에게 가장 의미 있는 본질적인 행위이다. 수업이라는 일상은 매일 똑같은 행위인 것 같지만 한 번도 같을 수 없는 새로운 미개척의 영역을 탐험하는 것과 같다. 교사가 열심히 준비하고 노력해서 거두어들이는 수업의 보람도 있지만, 아이들 스스로 찾아내고 성장하는 모습을 볼 때 교사들은 더 기쁘고 감동적이다.

그런데 수업이 점점 힘들어지고 재미없어진다는 선생님을 자주 만난다. 일상의 수업 속에서 제대로 된 성찰과 피드백의 과정을 만들어내지 못하기 때문에 수업에서 보람과 성과를 느낀 경험이 적은 것은 아닐까?

우리는 보통 성공한 수업에 대해서는 많이 이야기하지만, 실패한 수업에 대해서는 감추려 든다. 하지만 실패한 수업에 대해서 더 많이 이야기해야만 한다.

어떤 수업에서든 배울 수 있는 눈을 가지게 되는 것이 중요하다. 좋은 수업은 좋은 수업대로 나누고, 실패한 수업은 실패한 대로 수정하고 보완을 해야 수업 전체의 질이 높아질 수 있을 것이다.

"오늘 수업 어땠어?"
그래서 이 질문은 우리에게 더욱 소중하다.

수업에서 나를 힘들게 하는 것들

일상의 수업에서 교사를 힘들게 하는 것은 무엇일까? 수업을 중단시키는 아이의 돌발 행동, 교사의 말을 듣지 않는 저항적 태도, 활동에 참여하지 않는 무기력함, 때로는 교사 자신의 무능함도 불만 요인이 될 수 있을 것이다. 수업을 잘 풀어나가기 위해서 우리가 겪는 공통적인 어려움을 토로해보았다.

교과 전문성의 한계에 부딪치다

교육과정을 재구성해야 한다는 것은 교사라면 누구나 동의하겠지만 그럼에도 교과서를 버리기는 쉽지 않다. 수업 방법적인 재구성 차원이 아니라 교과를 넘나드는 주제별 교육과정 재구성을 하기에 교사들은 너무나 시간이 부족하다. 교과 지식에 대한 전문적 이해가 부족한 것과 아울러 해마다 다른 학년을 맡게 되는 것도 그 원인 중 하나이다.

진도, 교과서를 못 버리겠어요. 수업을 하다 보면 버려야 할 내용도 있고 어떤 내용은 꼭 다루고 넘어가야 할 것 같은데, 내용이 너무 방대하니 어디서 끊어야 될지 모르는 경우가 많아요. 그러다 보니 많은 내용을 압축해서 전달하기에 급급한 것 같아요. 빨리 끝내고 그다음 내용으로 넘어가야 하니까요. 교과 진도에 매여 아이들을 기다려주지 못하는 조급함, 그런 부분이 나를 힘들게 합니다.

1학년 수업을 하면서 교과서의 내용에 도저히 동의할 수 없을 때가 있어요. 예를 들어 수학에 정말 말도 안 되는 곶감이 들어와서, 무시하고 싶지만 이것보다 나은 교재를 만들고 싶은데 그게 힘든 거예요. 난 안 쓸 용기는 있어요. 그런데 대체할 무언가를 찾기는 어려워요. 지식적 한계죠. 하지만 한편, 과감하게 교과서를 버리기도 해요. 저학년의 경우 교실에서 배울 것이 하나도 없어요. 봄 단원의 경우 바깥 체험 활동 위주로 구성되어 있죠. 봄나들이 나가고 땅이 어떻게 바뀌고 하는 것인데, 이것을 교실에서 동영상으로 보기만 하는 것은 의미가 없지요.

많은 교사들이 교과서에서 제시하는 내용에 대해서 부담을 가지고 있다. 바꾸고 싶지만 '과연 내 생각이 옳을까?'라는 확신을 뒷받침할 만한 전문성이 부족하다고 생각하기 때문이다. 이런 문제에 부딪칠 때마다 교사들은 체험 활동이나 대체 프로그램을 찾아보는 등 나름대로 재구성은 하고 있는 듯하다. 하지만 교육과정 전체 맥락을 고려한 통합적 재구성은 여전히 부담스러워한다.

배우기를 거부하는 아이들

　교실에서 교사에게 반항하는 아이들의 행태는 다양하고 심각하다. 이에 대해 교사가 '너는 그렇게 해라, 나는 이렇게 하겠다.'는 식의 무관심, 또는 질책과 훈계로 대응한다면 수업은 서로의 감정을 건드리는 힘겨루기 장이 되어버린다. 숱한 교실에서 이러한 삐걱거리는 관계가 수업을 힘들게 하는 근본적인 원인이 된다.

　　저는 지식적인 부분보다 감정을 건드리는 경우에 수업이 힘들어요. 교실마다 '배우기를 거부하는 아이'가 있잖아요. 딴짓을 하거나 소극적으로 힘들게 하기도 하지만, 고학년이 되면 선생님 말을 조롱하거나 적극적으로 수업을 방해하는 행동을 해요. 교사가 하는 말끝마다 "저는 안 그렇던데요.", "아니오, …… 이럴 때도 있잖아요." 하고 말을 탁탁 가로막는 거요. 이런 반항적 태도가 반복되면 나도 모르게 감정이 끓어올라서 수업을 제대로 할 수 없어요.

　　우리 반에는 아예 책을 펴지 않으려는 아이도 있어요. 책이 없다고 하고서, 함께 찾아보면 책상 서랍이나 사물함에 있어요. 겨우 책을 펴게 해놓아도 수업 활동을 하지 않고, 주변 친구에게 계속 말을 걸거나 상대 아이가 대꾸를 하지 않으면 소지품을 가져가거나 해서 관심을 끌어요. 수업 중에 거리낌 없이 이동해서 다른 분단에 앉은 아이에게 말을 걸기도 하고, 교사가 모둠별로 지도를 하고 있으면 교실 뒤쪽에 다른 아이를 불러내어 같이 장난을 치고 있습니다. 그런 행동을 두고 보자니 다른 아이들까지

흐트러지겠고, 바로잡자니 수업의 맥이 끊어지고, 이러지도 저러지도 못할 때가 많습니다.

학생과 교사의 관계, 교사는 서른 명 가까운 아이 한 명 한 명과 관계를 맺으며 수업을 한다. 때로는 교사와 관계 맺기를 거부하는 아이들이 있을 수 있다. 그런 아이들이 적은 수에 불과한데 교사가 억지로라도 참여시키고 싶은 마음 때문에 그 아이에게 집중해서 수업을 망치는 경우가 많다. 정말 이 아이들은 배우기를 거부하는 것일까? 이들에게 다수의 아이들과 같은 양과 속도의 배움을 요구하는 것이 과연 바람직한 일일까?

> 배우기를 거부하는 이런 아이들은 마치 '지옥에서 온 아이'처럼 보인다. 이들은 사실 무지하거나 두렵기 때문에 그런 행동을 하는데, 교사는 그걸 보지 못하고 드러난 거부나 반항의 행동에 매몰되어버린다. 그것은 교사 자신의 내면의 힘이 약하고 두려움에 잠겨 있기 때문이다._파커 J. 파머

생각하는 수업, 힘들어요

수업은 학습자로 하여금 사고하게 하는 일련의 과정이며 사고력은 실제로 사고하게 함으로써 길러진다. 그런데 교실마다 수업에 적극적으로 참여하지 않고 도무지 사고하지 않으려는 아이들의 모습을 흔히 발견할 수 있다.

제가 힘든 것은 학생들이 습관적으로 사고하지 않으려는 모습을 볼 때입니다. 소수의 학생들만 사고하고 발표할 뿐 나머지 학생들은 그냥 지켜보는 거죠. 신규 교사일 때는 발문하고 기다리지 않고 바로 지명해서 발표시켰습니다. 그때는 수업의 척도가 공부 잘하는 아이들이었어요. 공부 잘하는 아이들이 고개를 끄덕이면 '아, 내가 수업을 잘하고 있구나.' 이렇게 생각했죠. 저도 아이들도 정답주의에 사로잡혀 있었던 것 같아요. 그런데 이제는 시선이 옮겨졌어요. 저의 눈빛을 한 번도 못 받고 집에 간 오답의 공포에 떨어야 했던 아이들에게로 말이에요.

수업 주제와 관련하여 아이들이 저의 설명에만 의존하지 않고 생각하는 수업을 하고 싶은데, 어떤 발문을 던져야 할지 고민이에요. 공개 수업은 미리 시나리오를 쓰고 여러 번 생각해서 고쳐보기도 하는데, 평상시 수업에서는 큰 덩어리로 대강의 계획을 잡아 발문을 하니까 아이들이 생각을 시도할 수도 없게 추상적으로 던지게 되는 경우가 종종 있습니다. 제 발문 후에 멍하게 있는 아이들을 보면 '아차!' 하고 발문을 수정해 다시 말하기도 합니다. 생각하게 하는 적절한 발문은 쉽지 않습니다.

수업하면서 아이들에게 생각을 공책에 기록하도록 하니까 "선생님은 왜 그렇게 시켜요? 너무 힘들어요." 그런 이야기를 많이 합니다. 자기들은 수업 시간에 편하게 있고 싶은데 힘들다는 거예요. 자기의 생각을 정리해 말해본 경험이 없는 아이들의 경우 그게 무척 힘들 수 있더라고요.

무엇이 이 아이들을 이렇게 수동적으로 만들었을까? 소위 '클릭' 수업이나 지나치게 친절한 교사의 태도나 학습지가 원인일 수도 있겠다.

강의식 수업, 지식 전달식 수업에 익숙해진 아이들을 다시 사고하는 수업으로 끌어들이기 위해 교사들의 다각적인 노력이 필요하다.

그때그때 달라요

아이들을 보는 가치관, 학급 경영 방식, 교재의 재구성 능력, 교수법이 그리 달라지지 않았음에도 불구하고 해마다 아이들이 보이는 결과는 다르다. '이렇게 하니까 잘되더라.' 하는 경험에서 나온 적용 방식이 예상치 못한 결과를 가져올 때 교사는 무력감에 빠지기도 한다.

> 2년째 1학년을 하는데 작년은 엄청 행복했어요. 뭘 하자고 해도 아이들이 하도 잘하기에 당연히 제가 잘해서 그러는 줄 알았어요. 우리 반 아이들이 잘한다고 자랑을 많이 하고 다녔는데 그건 결국 제가 잘한다는 자랑이었던 거죠. 그런데 올해 똑같이 1학년을 맡았는데 너무 힘든 거예요. 결국은 작년 아이들은 내가 잘해서 그런 게 아니라 스스로 잘했다는 걸 깨달았죠. 그런데 신기한 건 작년보다 오히려 올해 제가 더 많이 성장한 겁니다. 계속 아이들이 내 생각만큼 안 따라주니까 '왜 이럴까?', '어떻게 해야 할까?' 이렇게 아이들 탓도 내 탓도 하면서 고민하다 보니 훨씬 더 성장한 거죠.

> 나는 좋은 선생님이라고 자부했어요. 아이 한 명 한 명을 인격

적으로 대하고 수업 준비를 성실히 했으니까. 몇 명의 아이들이
그 시간의 공부를 잘 따라오지 못했어도, 나는 최선의 지도를 했
고, 못하는 아이들은 자신의 노력이 더 필요한 거라고 생각했어
요. 그런데 돌아보면 매 수업 시간에 그렇게 소외되는 아이들이
있었을 거예요. 나는 그 아이들에게 수업 속에서 좋은 선생님이
아니었던 거죠.

우리 반에 도움반 학생이 세 명 있어요. 특수보조 선생님이 수
업 시간에 이 아이들을 옆에서 돕고 있고요. 얼마 전 "선생님은
수업 시간에 나를 잘 도와주는가?"라는 질문에 이 중 한 명이
대답을 못하는 거예요. 그때 '내가 수업 설계부터 이 아이들을
생각하지 않고 준비하고, 실제 수업에서도 뚜렷한 배려를 하지
않고 있구나.' 하는 사실을 깨달았어요. 그런데 재미있는 건 나는
못하고 있는데, 우리 반 아이들은 모둠 활동을 할 때 이 친구들
을 동참시킨다는 거예요.

저도 아이를 한 명 한 명 보기 시작한 것은 얼마 되지 않았어
요. 전에는 그냥 전체로 보고 전체가 다 했다고 생각되면 그냥 넘
어가곤 했어요. 그런데 어느 순간 하나하나가 눈에 들어오는 거
예요. 안 보일 때는 무시했는데, 그게 보이니까 한 명 한 명에 대
해 어떻게 격려하고 피드백을 해줄 것인가를 생각하게 되더라고
요. 시간과 공간은 한정되어 있는데. 예전에는 전체적인 통제와
발문을 신경 썼다면 요즘에는 아이 한 명 한 명을 어떻게 대하고
연결시킬지가 고민이에요.

교사의 경험과 연찬이 경력과 함께 단단하게 조직되어, 모든 상황에서 만족스러운 성과를 낼 수 있다면 참 좋을 것이다. 그러나 교사와 교재는 비슷해도 해마다 다른 아이들과 각기 다른 상황 속에서 이루어지는 수업은 쉽게 일반화될 수 있는 임상적인 사례가 아니다. 아이들은 매번 다른 양상을 보이고 그런 예측 불허의 상황은 교사를 좌절하게 만들기도 한다. 하지만 맡은 아이들을 가장 잘 알고 거기에 맞게 가르칠 수 있는 사람 역시 바로 교사들이다. 경험과 연찬을 바탕으로, 각각의 수업 상황에서 우리 반 아이들에게 필요한 것이 무엇인지 끊임없이 관찰하고 새롭게 시도하고 반성해볼 때, 교사는 전문가로 거듭날 수 있을 것이다.

나를 성장시킨 수업

모래판에서 점프해서 훌쩍 멀리 뛰어내리기 위해서 수십 번의 도움닫기가 필요하듯 일상의 숱한 수업 없이 어느 날 갑자기 내 수업이 성장한 것은 아닐 것이다. 하지만 자신의 수업이든 다른 교사의 수업이든 '특별히 기억에 남는 수업', '교직생활 중 전환점이 된 수업', '내 수업에 큰 영향을 미친 수업'의 경험은 누구나 가지고 있을 것이다.

특별한 것이 없는 특별한 수업

신규 교사 때는 '짜잔~' 하면서 멋지고 화려한 자료를 만들어 보여주면 잘하는 수업인 줄 알았어요. 그런데 신기하게 사진 한 장으로 처음부터 끝까지 이어지는 수업을 본 적이 있어요. 같은 곳인데 다른 풍경인 지역 사진 두 장을 제시하고 내용을 알려주지 않은 채, 등장인물과 배경까지 이야기를 엮어가면서 배움과 배움 자체를 유기적으로 설계해서, 아이들의 사고 과정을 통해서 알아갈 수 있도록 하는 수업이었어요. 그 후로 학생들이 생각할 수 있는 이야깃거리, 문제의식을 이끌어낼 수 있는 자료를 선별하고 준비하는 것이 정말 교사의 역량이지 않겠느냐는 생각을 많이 했습니다.

똑같은 요리 재료라도 요리사의 솜씨에 따라 전혀 다른 요리가 나오듯이 같은 교재라도 교사가 어떻게 발문하고 아이들의 반응을 연결 지어주느냐에 따라 수업의 질이 달라진다. 자료와 내용에 쫓기다 보면 학생들의 반응을 들을 여유가 없어진다. 화려한 자료 없이도 아이들이 교사의 말과 서로의 생각을 나누는 소통 과정에 녹아드는 수업을 볼 때 우리는 감동하고 경외한다.

아이 탓을 하고 있었구나!

서근원 교수님과 보았던 벼리아이 수업이 기억에 남아요. 보통 참관 수업에서는 아이들 전체적인 활동이나 교사의 발문, 자료를 중심으로 수업을 보잖아요. 그런데 한 아이, 그것도 내내 딴짓만 하는 것처럼 보이는 아이의 모습을 처음부터 끝까지 관찰한 수업은 처음이었어요. 그 후로 수업 시간에 겉으로 드러나는 아이의 모습에만 매몰되지 않으려고 애쓰게 되었고, 모둠 활동에서 소란이 일어나면 다그치기보다 '어떤 대화가 오가나?' 하고 이전보다 주의 깊게 보게 되었어요. 결과적으로 수업 시간에 잘하든 못하든 아이에게 책임을 전가하면 안 된다는 것을 깨달았죠.

'이 아이는 대체 40분 수업 시간 동안 어떤 행동을 하면서 어떻게

보낼까?'

보통 수업은 아이들의 전체적인 활동이나 교사의 수업 의도와 전개를 중심으로 생각한다. 하지만 서근원 교수의 '아이 눈으로 수업 보기'에서는 특정 한 아이의 행동에 주목한다. 수업 40분 동안 아이가 책을 펼쳤다 넣었다, 손톱을 물어뜯고, 코를 만지작거리는 등 거의 모든 행동을 집중 관찰하면서 그 행동과 교수학습 활동의 연관성과 의미를 찾아나간다. 이 과정에서 교사는 '아, 그래서 저런 행동을 했구나.', '저 아이 탓이 아닌데 나도 저렇게 했었어.'와 같은 자기 성찰을 하게 된다. 그를 통해 수업의 책임을 아이가 아닌 교사 자신에게 부여하는, 수업을 바라보는 관점의 전환을 맞게 된다.

현실이 눈앞에서 재현되는 수업에 흠뻑 빠지다

캐나다 예비 교사 콘라드의 수업 동영상을 보고 재구성한 시뮬레이션 무역 수업을 본 적이 있어요. 콘라드는 수학 도형 만들기를 무역에 접목했는데, 이 선생님은 색종이 접기를 무역 활동에 접목했어요. 이 수업을 처음 접했을 때 신선한 충격을 받았어요. 기존에 제가 보았던 수업들과는 완전히 다른 형태였으니까요. 복잡한 무역 현상을 교실에서 경험 가능하도록 단순화시켰지만 학생들이 게임에 참여하는 동안 자연스럽게 세계 무역의 개념과 무역 현상을 경험할 수 있도록 정교하게 설계된 수업이었어요. 6학년을 연이어 맡아서 이 수업을 할 때마다, 수업에 몰입하며 신나게 무역 활동을 하는 아이들을 보며 '이게 바로 살아 있는 사회 수업이구나.' 하고 생각하게 됩니다.

사회과는 활동과 체험이 수업의 중요한 축을 이루고 있는데도 현실적으로 대부분의 수업을 교실에서 책이나 동영상으로 진행할 수밖에 없다. 그러다 보니 아이들은 사회 수업에 지적인 흥미를 느끼지 못한다. 시뮬레이션 수업은 '교실은 사회의 축소판이다.'라는 생각이 완벽하게 녹아 있는 모습을 보여준다. 사회 현상을 교실로 그대로 가져와서 실현 가능한 상황을 눈앞에서 보여주는 수업이기에 우리 모두 남다른 의미로 여긴 수업이기도 하다. 숫자로, 책 속의 글자로만 있는 용어가 아닌 우리의 삶과 연결된 경험으로 아이들이 배우는 수업을 위해 고민하는 교사들에게 풍부한 자극과 생각할 거리를 제공해주는 수업이다.

어째서 저 오답이 나오게 되었을까?

『수업 기술의 법칙』의 저자 한형식 선생님의 $\frac{1}{4} + \frac{2}{4} = \frac{3}{8}$ '진분수의 덧셈' 수업을 저는 '그렇지, 이런 게 수학이지.'라고 혼자서 중얼거리며 참관했었어요. 이 수업이 오답을 소중히 여기고, 오답을 통해서 수업을 전개해나가게 만든 계기가 되었어요. 그전에는 오답이 나오면 정답으로 고쳐주면 되는 거였고, 때론 무시하면 되는 거였죠. 틀리면 짜증도 났고요. 어차피 오답이니까요. 그런데 지금은 '어째서 저 오답이 나오게 되었을까?', '어느 지점이 이 아이로 하여금 오답을 하게 만들었을까?'라고 생각하게 됐어요. 오답이 수업 소재가 되니까 오답은 버려야 할 하찮은 것이 아니라 소중한 수업 보물이 된 거죠. 한형식 선생님의 '진분수의 덧셈' 수업은 제 수학 수업에 대한 발상을 완전히 바꾸고 성장시킨 수업이었어요.

대부분 교실에서 나오는 오답에 대한 교사와 학생들의 반응은 비슷하다. 학생은 무안해하고, 교사는 다루기를 꺼려 한다. 그런 서로의 어색함이 오답에 대한 불편함을 만들었고, 그런 불편함은 오답의 가치를 제대로 고민해볼 기회마저 앗아갔다고 볼 수 있다. 우리도 역시 수업 기술을 제대로 공부하기 전에는 오답의 소중함을 알지 못했다. '오답을 수업의 소재로 사용한다.' 발상의 전환이자 소재의 전환이 된 소중한 수업으로, 보물로 보는 것이다. 수업 목표에 도달하기까지 학생들은 치열한 사고를 하고 계속적인 성장을 필요로 한다. 아이들과 교사의 성장을 위해서 수업 시간에 나오게 되는 학생들의 오답은 소중한 징검다리가 될 수 있다는 사실에 공감하며 다 같이 고개를 끄덕인 부분이다.

무릎 꿇은 선생님 모습에 감동받았죠

일본에서 미술 판화 수업을 본 적이 있어요. 제가 들어갔을 때는 대부분의 아이들이 목판에 밑그림을 그리고 있었어요. 그런데 아직 예닐곱 명의 아이들은 스케치가 안 끝난 거예요. 선생님은 칠판 아래 아이들을 모으더니 다소곳이 무릎을 꿇고 아이들과 눈높이를 맞추어 한 명 한 명에게 다시 설명을 해주셨어요. 각자의 그림에서 어떻게 활동적인 모습을 더 부각시킬 수 있는지 사용 가능한 기법들을 알려주신 거죠. 저는 미술 시간에 활동 시작 전에 길게 설명하고는 교사의 역할을 다했다고 생각했어요. 뒷부분은 아이들 각자의 몫이라고 생각했죠. 그런데 '저렇게 단계별로 정성껏 도와주면 미술을 못하는 아이도 많이 달라질 수 있겠구나.'라는 생각을 하게 되었어요. 그 뒤 저는 어떤 수업이든 단계별로 점검하고 피드백을 해주게 되면서 전보다 좀 더 부지런해졌어요.

아이마다 속도가 다르고 수업 단계 단계마다 교사의 섬세한 도움이 필요한 경우가 많다. 그런데 아이의 도움을 요청하는 눈빛이나 신호를 알아채는 것은 쉬운 일이 아니다. 하지만 아이들이 배움을 포기하기 전에 교사가 먼저 아이들 곁으로 다가가 손을 내밀어줄 때 배움은 시작될 것이다.

백지장도 맞들면 낫다, 수업도 같이 연구하면 성장한다

교사로서 저를 성장시키기 위해 수업을 많이 보고 싶었어요. 그래서 우수 수업 동영상에 소개된 수업을 모두 보았죠. 전국의 다른 교사들 수업인데 신기하게도 공통점이 있더라고요. 똑같은 포맷에서 똑같은 방식으로 가르치는 모습이 보였어요. '이게 정답인가?', '이것이 좋은 수업인가?'라는 생각이 자연스럽게 들었어요. 분명 아이들 각자의 개성이 다른데 이를 살려주는 수업, 아이들 한 명 한 명에 맞는 수업을 해야 하는 게 아닌가 하는 생각이 들었죠. 수업 연구를 해야겠다는 결심을 다시 한 번 하게 되었어요.

그러던 중 연구회 진해지부 공부에서 공동 수업 만들기를 하게 되었어요. 인물의 성격이 사건의 전개에 어떻게 관련되는가에 대한 국어 수업 공동 연구를 할 때였는데, 나 혼자 하는 게 아니라 동료와 함께하는 수업 연구, 거기서 내가 배우는 기쁨, 가르치는 기쁨도 느꼈어요. 그 속에서 제가 성장한 것 같아요.

2학년 분수 첫 도입 차시를 연구회 선생님들과 공동 연구로 만든 수업이 기억에 남아요. 교사가 내용을 충실히 연구해 제대로 된 자료를 하나라도 준비하면 아이들에게 훨씬 알찬 배움이 있을 수 있다는 것을 알게 해준 수업이었어요. 동료 교사가 모여 수업 설계부터 함께 고민을 하고, 그중 한 명이 먼저 수업을 하고 그 결과를 공유해서 2차 수정을 하고, 또 설계하고 수정하는 그런 과정이었어요. 그 공동 연구를 거치면서 '치밀한 준비가 아니더라도 핵심 발문이라도 제대로 준비해서 학생들을 건드려주면 아이들이 훨씬 잘 배울 수 있구나.' 하는 것을 절감했어요.

모든 수업에서 배울 수 있어요

저는 딱 하나의 수업을 꼬집어 말하기가 어려워요. 협동 학습 수업에서는 아이들과 함께하는 다양한 학습 구조와 방법들을 배웠고요, 한국수업기술연구소 한형식 선생님께는 사고하게 하는 검증된 수업 기술의 법칙들을 배웠어요. 일본 TOSS와 쓰쿠바 대학 수업 명인들을 만나면서 프로 교사의 전문성에 감동을 받았고, 배움의 공동체 수업을 보면서 서로에게 배우는 아이들의 힘을 믿게 되었어요. 정말 하나하나의 수업이 조각보처럼 연결되어 지금의 내 수업을 만든 것 같아요.

좋은 수업을 하고 싶지만 전 교과를 두루 잘 가르쳐야 한다는 부담이 너무 커요. 가르쳐야 하는 교과 지식도 많고, 그것을 아이들에게 맞게 풀어내는 방법도 알아야 하고, 그렇게 하기 위해서 아이들 성향도 알아야 하고 교사 한 명의 노력으로는 역부족이에요. 각자 가시고 있는 좋은 수업의 경험과 노하우를 공유해야 한다고 생각해요. 단순한 자료도 좋고, 발문이나 수업 설계에 대한 생각도 좋고, 의미 있는 수업을 봤다면 나누는 것도 도움이 되겠죠.

교사는 수많은 수업을 하고 또 보게 된다. 여러 교사들의 이야기를 들으면 모든 수업이 교사를 성장시킬 수 있다는 생각이 든다. 누군가의 멋진 수업을 보는 것만으로 성장을 할 수도 있고, 내가 수업을 하며 겪은 어려움들이 나를 성장시키는 양분이 될 수도 있다. 이런 수업을 교직생활에서 만날 수 있었다는 것만으로도 성장의 발판이 되지 않았나 싶다.

■ 내가 생각하는 좋은 수업

일상의 수업을 되돌아보면서 수업에서 나를 힘들게 하는 것들, 나를 성장시킨 수업에 대해서 이야기를 나누었다. 그리고 그 속에서 좋은 수업의 몇 가지 공통점을 찾을 수 있었다.

배움은 즐거워야 한다

신체를 움직이며 게임 형식으로 하는 수업은 아이들이 흥미를 가지고 몰입하게 되는 것 같아요. 패턴블록을 이용하여 대분수에 대해 알아보는 수업을 게임 형식으로 진행했었는데, 한 명의 아이도 빠짐없이 즐겁게 수업에 집중하더라고요. 모두 같은 양의 패턴블록을 가지고 둘씩 만나 가위바위보를 해서 약속된 분수의 양만큼 패턴블록을 주고받는 게임이었어요. 각자 패턴블록을 주고받거나 교환하는 게임 중에, 또 게임 후 남은 것을 분수로 나타내는 과정에서 자연스럽게 대분수의 개념과 원리를 알게되는 거죠. 간단한 가위바위보 게임이지만 수업 속에 녹여내니까 배움이 저절로 즐거워졌어요.

　수업이 끝난 다음에도 아이들이 끊임없이 조잘대는 수업이 있거든요. 특히 아이들이 몸소 체험한 수업은 더욱 그런 것 같아요. 최근에 민주주의에 대해 공부하면서 군주제를 시뮬레이션 게임으로 교실 속에서 체험하게 했어요. 학교 분위기가 민주적이라 평소에 존중을 받던 아이들이 교사의 일방적인 결정과 명령이 계속되니까 참을 수 없어 했죠. 당연히 쉬는 시간이건 점심시간이건 군주제의 부당함을 성토하고 대책을 논의하는 이야기가 넘쳐났어요. 이걸 보면서 배움이 머리에서 가슴으로 가는 게 아니라, 가슴을 쳐야 머리가 움직인다는 것을 알게 되었어요.

　요즘은 내용이나 주제의 재구성에 대한 연구가 많이 되고 있지만 방법에 대한 고민도 중요한 것 같아요. 저는 보물찾기와 같은 수업 방법을 좋아하지 않는 편이거든요. 근데 6학년 선생님이 아이들 반응이 아주 좋다고 하시는 거예요. 그래서 우리 반 1학년 아이들을 데리고 문제 보물찾기를 했어요. 아이들이 24명인데 100문제나 풀고도 모자라 문제 더 없냐고 아우성이었죠. 찾은 문제가 자기 수준에 맞지 않으면 다시 그 자리에 놓을 수 있으니까 부담이 없어서 좋다고 하는 아이가 많았어요. 아이들이 문제 선택권을 가지니까 더 즐겁게 수업에 참여하게 된 것 같아요.

　즐거움은 인간을 움직이게 하는 원동력이다. 우리 아이들이 하루 중 가장 많은 시간을 보내는 공간은 교실이며, 가장 많은 시간을 할애하는 활동은 수업이다. 교사는 수업 속에서 아이들이 주인공이 되어 저마다의 색깔과 이야기를 풀어낼 수 있는 경험을 갖게 해야 한다. 즐거움은 몰입하게 만들고, 몰입은 배움을 낳고, 이때 비로소 머리가 아닌 가슴으로 깨친 배움이 일어날 수 있기 때문이다.

사고하는 과정이 소중하다

아이들의 지식 세계를 흔드는 수업이 있었어요. 꽃의 구조를 알아보는 과학 수업이었는데, 꽃봉오리 상태의 백합과 활짝 핀 백합을 비교 관찰한 뒤 꽃잎과 꽃받침을 찾아보라고 했어요. 앞 차시에 모든 꽃은 꽃잎과 꽃받침이 있다고 배웠거든요. 아이들이 백합에 꽃받침이 없다고 당황하더라고요. 탐구 끝에 꽃받침이 변해서 꽃잎이 되었다는 것을 알아내고 엄청 신기해했어요. 그 후로 아이들이 학교 화단에 있는 꽃을 유심히 살펴보더군요. 자기가 A라고 알고 있던 것이 B라고 하는 상황으로 주어지니까 아이들이 더 깊이 생각하게 되는 것 같아요.

아이들이 생각할 수 있는 자료를 주는 게 중요해요. 「원숭이 꽃신」이라고, 오소리가 원숭이를 속여서 신발을 사게 하는 이야기를 읽고 인물의 성격을 찾는 국어 수업이 있어요. 본문을 읽고 오소리나 원숭이의 성격을 찾아보자고 하면 대부분 '착하다', '나쁘다' 정도의 대답만 나와요. 그래서 아이들에게 성격 낱말 카드를 열 장 정도 보여주고 거기에서 오소리의 성격과 관련된 낱말을 찾아보라고 해봤어요. 교사용 지도서에는 두 가지 예만 나오는데 아이들은 네 가지의 성격을 찾아냈어요. 그렇게 생각한 이

유도 자기 나름의 논리로 설명하고 그게 전체 토론까지 이어졌죠. 아이들에게 무턱대고 생각해보라고 할 게 아니라 이런 적절한 자료를 제공해주면 훨씬 좋은 사고를 끌어낼 수 있다고 생각해요.

아이들이 어떻게 생각하고 있는지 알아보려고 공책을 많이 사용해요. 모두가 발표하기에는 수업 시간이 제한되어 있으니까 한 명 한 명의 생각을 알기가 어렵잖아요. 대신 공책에 자기 생각을 쓰게 하면, 동시에 모두 자기 생각을 쓸 수 있으니까 그게 자기 발표가 되고요, 수업 후에 공책을 걷어서 아이들의 생각이나 오답도 확인할 수 있어서 좋아요.

공책 쓰기는 아이들 사고의 과정이나 변화를 알 수 있는 좋은 자료이기도 해요. 발표해보자고 하면 잘하는 아이 몇 명만 손들잖아요? 근데 자신의 생각을 공책에 써보자고 하면 정말 다양한 생각들이 쏟아져 나와요. 공책에는 소심한 아이라도 자기 생각을 자유롭게 쓸 수 있고, 틀린 답이라도 걱정 없이 쓸 수 있으니까요. 점검하면서 공책을 살펴보면 아이들이 어디에서 어려워하는지, 어떤 오류가 있는지를 바로 확인할 수 있어서 그것을 수업에 바로 활용할 수 있어요.

모든 수업에는 크든 작든 아이들의 생각을 자라게 할 수 있는 배움의 요소가 포함되어야 한다. 아이들이 가지고 있는 지식과 상식을 흔들어 '왜 그럴까?' 하고 의문을 품게 하는 '거리'나 '자료'를 제공하여 생각할 수 있는 싹을 마련해주어야 한다.

공책 기록은 아이들 각자의 사고를 확립하고 공유하며, 사고과정의 오류를 찾아내어 올바르게 발전시킬 수 있는 토대가 된다. 공책에 나타난 아이들의 오답이나 불완전한 배움을 교사가 바로잡아주는 것이 아니라 친구들과 함께 토론함으로써 더 깊이 배울 수 있게 해주어야 한다.

수업, 모두가 참여해야 한다

연구 수업을 마치고 아이들에게 수업에 대한 설문 조사를 한 적이 있어요. 그중 이런 소감이 있었어요.

"다른 수업은 선생님 혼자 하는 설명이 많아서 지루했는데, 이번 수업은 우리 생각을 계속 묻고, 발표를 많이 하게 해줘서 좋았어요."

정선된 자료나 교사의 화려한 액션을 얘기할 줄 알았는데 그것보다 자기 발표 경험을 말하더라고요. 어떤 식으로든 수업에 참여했다는 것만으로도 좋은 수업으로 기억하게 되는 건가 봐요. 발표하는 순간만큼은 구경꾼이 아닌 주인공이 되니까요.

수업에 잘 따라가지 못하는 아이들을 참여시키기 위한 노력도 필요한 것 같아요. 보통의 아이들은 '이런 걸 써봐라.' 하면 쓰고, 발표하라고 하면 할 수 있지만, 그렇지 않은 아이들은 조금 더 눈높이에 맞는 수업 기술이 필요하다고 생각해요. 예를 들면 몇 쪽을 펴라고 하는 사소한 것도 그 아이들에게는 어려울 수 있으니까 칠판에 쪽수를 적으면서 이야기한다든지, 설명한 걸 제대로 이해하고 활동하고 있는지 짝 점검으로 확인하는 방법 같은 거요.

저는 칠판이 제 것이라 생각했어요. 교사의 정선된 판서가 기록되는 곳이니 지우는 일도 제 손으로 깔끔하게 해야 했지요. 그러다 칠판에 칸을 질러 모둠별로 나와 모두 적게 하는 칠판 발표를 배우고 시도해보았어요. 우리 반 전체의 생각을 칠판에 드러내어 수업에서 다룰 수 있게 되었죠. 그러니까 소극적으로 묻어가던 아이들도 어찌 되었건 자신의 생각을 적으려고 노력하는 모습이 보였어요. 자신의 생각을 적어야 한다는 책임감, 자신의 생각이 수업에서 중요한 소재가 된다는 뿌듯함이 아이들을 움직인 것 같아요.

우리 반은 3월 첫날에 『틀려도 괜찮아』 책을 함께 읽어요. 그래서 수업 시간에 혹시 틀린 답을 말하는 친구가 있으면 그 친구가 무안해하지 않도록 '틀려도 괜찮아'라고 위로해주지요. 수학 시간에 사과 3개와 배 7개의 차이를 비교하는 문장제 문제의 식을 3-7이라고 발표한 친구가 있었어요. 사실 몇몇 다른 아이들도 구차 상황에 대한 뺄셈 개념이 부족했는데, 이 오답 덕분에 모두가 더 확실하게 알게 되었죠. 그래서 틀린 답을 해준 그 친구에게 큰 박수를 보내주었어요. 틀리는 것을 부끄럽지 않게 여기는 분위기가 형성되어야 모두가 참가하는 수업이 가능해진다고 생각해요.

모든 배움은 참여로부터 시작된다. 아이들은 수업 시간에 주체적으로 참여하고 싶어 하고 그것은 기록, 발표, 토론, 조작, 체험 등 다양한 방법으로 이루어질 수 있다. 먼저 교사가 설명하는 시간을 줄이고 아이들이 작은 움직임과 판단을 통해 빈번하게 수업에 참여할 수 있도록 입체적으로 수업을 조직해야 한다. 또한 아이 한 명 한 명의 표정을 살피며 수업에 잘 참여하고 있는지 확인하고, 작은 목소리나 오답이라도 소중히 여기고 거기서 배움을 연결 지을 수 있는 유연한 눈을 가져야 할 것이다.

교실 밖에서도 계속되는 것이 진짜 수업이다

요즘 제일 중요하게 생각하는 것이 배움과 배움의 연결인 것 같아요. 니체의 글을 분절적 산문이라고 하잖아요. 그 분절적 산문 안에서 유기적인 의미를 발견해내듯이, 배움과 배움이 분절적으로 존재하는 것은 의미가 없고, 그것이 유기적으로 연결될 때 그 배움이 삶과도 연결될 수 있는 것 같아요.

'찾아가는 숲 이야기' 활동 시간에 숲 해설사를 모셔서 학교 뒷산 숲 해설을 들었어요. 수업이 끝난 후 배운 대로 저학년 동생들에게 숲 해설사가 되어 설명해주기로 했지요. 처음 2학년을 데리고 숲 해설을 할 때는 어려워하더니 두 번째에는 1학년 동생들 손을 꼭 잡고 제법 그 눈높이에 맞춰 설명을 해주는 거예요. 그리고 나서 동생들한테서 숲 해설을 해줘서 고맙다는 감사 편지를 받았어요. 편지를 받고 감동받는 아이들의 모습을 보고 '이때다' 싶어서 그동안 우리에게 도움을 주셨던 숲 해설사 선생님

등 외부 기관 분들께 감사 편지를 써보자고 제안했죠. 제대로 된 편지를 써서 보낸 덕분인지 멋진 답장과 선물까지 받았어요.

인사 초빙까지 해서 배운 체험 수업이더라도 배움을 나눔으로 연결 짓지 않았더라면 아이들의 머릿속에서 빠르게 사라졌을 거예요. 아이들의 배움을 나눔의 경험으로 이어지도록 한 건 정말 잘했다는 생각이 들었어요.

과학 시간에 속력에 대해서 배웠어요. 고무동력수레로 실험하며 거리와 시간 간의 관계를 이용해 속력을 배우는데, 아이들이 수학 수업 같다, 어렵다, 이런 얘기를 자꾸 했어요. 그래서 과학은 생활이다. 그러니 다음에 차를 타고 부모님이 운전하실 때 속도계기판의 숫자를 보면서 속력를 느껴보라고 했죠. 그다음 주에 한 친구가 진주 할머니 댁을 다녀왔는데 속력 계산을 해봤다고 하는 겁니다. 칠판에 나와서 설명해보라고 했더니 구간을 그리고 속력 식까지 써가면서 이야기를 했어요.

"진주로 갈 때는 1시간 만에 갔어요. 그런데 돌아올 때는 차가 밀려서 2시간 넘게 걸렸어요. 아빠가 창원에서 진주가 약 70km라고 해서 계산해보니까 70km/h가 나왔어요. 돌아올 때는 2시간 걸려서 70km÷2시간 했더니 35km/h이고요. 천천히 가는 게 확실히 속력이 느렸어요. 근데 사실 계속 그 속력으로 간 건 아니고 함안부터 천천히 갔으니까 계속 그 속력이라고 할 수는 없어요."

수업 시간에 배운 것이 그 시간에 끝나지 않고 씨앗이 되어 아이들이 교실 밖에서 스스로 더 배우려고 한다면 그게 진짜 수업이 아닐까 생각했어요.

교사가 수업 시간에 모든 것을 가르쳐줄 수는 없다. 지식의 가치와 양이 급변하는 시대에 수업은 아이들 스스로 모르는 것을 인지하고, 나아가 더 배우고자 하는 의지와 욕구가 솟게 하는 마중물이 되어야 한다. 아이들의 머리가 아닌 마음을 움직여야 교실 밖에서 배움을 삶과 연결 지을 수 있는 힘이 생긴다. 그리고 자신이 알고 있는 바를 다른 사람과 나누고자 하는 마음이 자연스럽게 형성된다. 배움의 방향이 이기적으로 가지 않고 나눔의 경험으로 이어지고, 자신의 삶과 연결될 때 아이들은 교실 밖에서 분절체가 아닌 유기적 연결체로 더불어 성장하게 될 것이다.

'수업'이라는 한 단어로 많은 이야기를 나눈 뜻깊은 시간이었다. 한 마디로 좋은 수업은 '이것이다'라고 정의 내릴 수는 없었지만 일상의 수업을 계속 성찰하는 가운데 어제보다 조금이라도 더 교사와 아이들이 성장할 수 있다면 그것이 좋은 수업이라 할 수 있을 것이다.

2부

수업, 어떻게 할까?

1장

사고하는 수업으로

📖 불필요한 뜸들이기를 하지 마라

수업의 시작과 함께 바로 문제를 들이대어 본 활동으로 들어가는 것으로 아이들을 몰입시킬 수 있다. 이미 수업할 마음의 준비가 되어 있는 아이들에게 형식적으로 이루어지는 불필요한 의식들이 오히려 수업할 의욕을 떨어뜨리기도 한다.

"지난 시간에 무슨 활동을 했는지 알고 있나요?"

"오늘 공부를 위해 선생님이 준비한 동영상을 다 같이 볼까요?"

"이 이야기를 듣고 오늘 공부할 내용이 무엇인지 교과서 ○○쪽을 보면서 찾아봅시다."

"그럼 오늘 공부할 활동 순서를 알아봅시다."

우리나라 전국의 대부분의 공개 수업에는 초·중등을 막론하고 보편적인 학습 순서가 있다. 주의 집중을 위한 마음 열기, 전시 학습 상기하기, 동기 유발하기, 학습 문제 파악하기와 같은 학습 순서 안내로 시작하는 수업 단계들이다. 특히 수업 시작 단계에서 이루어지는 동기 유발의 성공 여부를 가지고 수업의 성패를 따지는 극단적인 경우도 있다.

동기 유발이란 학습 내용을 배우기에 앞서 그 내용에 대해 흥미와 참여를 일으키는 짧은 자극이다. 공개 수업을 할 때 교사는 이 짧은 과정에 깊이 있는 교재 연구 대신 필요 이상의 에너지를 쏟고 있다.

그리고 이 훌륭한 동기 유발이 학생들의 관심을 불러일으키는 대신 본질적인 학습 내용을 희석시키는 경우가 많다. 불필요한 동기 유발의 부작용은 다음과 같다.

첫째, 아무리 훌륭한 동기 유발일지라도 한번 쓰면 끝이다. 이 반짝 효과를 위해 지나치게 교사의 에너지를 낭비한다.

둘째, 동기 유발에서 수업을 그치는 경우이다. 본말이 전도되어 정작 수업 목표를 기억하지 못하고 동기 유발의 자극만 기억하기도 한다.

셋째, 검증된 수업으로 일반화하기 힘들다. 일상적이지 않은 소품들, 유행에 의존한 자료들, 전문적 제작 기술에 의한 콘텐츠 등 수천 가지의 동기 유발이 공개 수업을 위해 일회성으로 개발되고 있다.

수업의 도입에서 관습적으로 이루어지는 불필요한 의식 절차를 생략하고 바로 학습 문제와 직면하게 하는 수업 시작을 해보자. 수업의 도입 부문에서 바로 학습 문제가 내포된 자료를 만나 스스로 문제를 발견함으로써 '이상하다!', '저건 왜 그럴까?', '아, 재미있겠다.', '빨리 해보고 싶다.'고 하는 관심과 의욕이 내발된다면 수업의 몰입도는 그만큼 더 빠르고 깊어질 것이다.

자료에 대한 정보 없이 바로 수업을 시작한다

☞ 5학년 사회 역사 수업 장면

전시 학습 상기나 사진에 대한 역사적 배경 설명 없이 바로 의병운동 사진 한 장을 게시한다.

교사 이것은 의병부대 사진입
니다. 이 사진을 보고
자신이 생각한 것이나
궁금한 점을 공책에 써
봅시다. 개조식으로 한
문장으로 씁니다.

학생 1 왜 다른 옷을 입고 있을까?

학생 2 나이가 많은 사람도 있고 어린 학생도 있다.

학생 3 힘들고 지쳐 보인다.

학생 4 이곳은 어디일까?

학생 5 이 사람들은 왜 총을 들고 누구랑 싸웠을까?

학생 6 어린 학생은 총 쏘기를 할 수 있을까?

......

교사 (아이들의 발표를 모두 판서한다.) 좋은 질문들이 많이 나왔
습니다. 지금부터 여러분이 찾아낸 이 사실과 질문으로 공
부를 시작하겠습니다.

교사 먼저 옷이 다른 이유는 왜일까요?

학생들 신분과 직업이 다르기 때문입니다.

교사 사진을 보고 알 수 있는 사람들의 신분과 직업이 무엇인지
말해봅시다.

학생들 군인, 포수, 노비, 승려, 학생…….

교사 이제 선생님이 기자가 되어 인터뷰를 시작하겠습니다. 여러
분은 이들 중 한 사람이 되어 대답해주십시오.

교사 (한 아이에게 다가가) 의병부대에 오기 전에 했던 일과 오게
된 계기를 말씀해주십시오.

학생 1 저는 승려였습니다. 불교는 부처님을 믿어야 하는데 일본
인들이 절을 없애고 천황을 믿어야 한다고 해서 그럴 수는
없었습니다.

(이하 생략)

학생들의 본 활동 시간을 확보한다

☞ 수업 장면 2. 5학년 국어 수업

수업이 시작되면 교사는 『그런 편견은 버려』라는 책의 서평이 있는
활동지를 바로 제공한다.

교사 서평을 나눠주겠습니다. 모둠 친구들과 한 문장씩 돌아가며
읽습니다.

교사 무슨 책을 읽고 쓴 서평입니까?

학생 『그런 편견은 버려』를 읽고 쓴 서평입니다.

교사 방금 읽은 서평만 보고 이 책을 읽고 싶은지 ○, ×로 표시
하세요. 그렇게 생각한 근거를 서평에서 찾아 밑줄을 그으
세요.

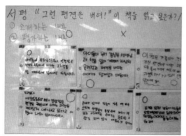

교사 혼자생각이 끝난 모둠은
모둠 칠판에 의견을 모아서 써
봅시다.

학생 1 뭐야? 왜 이래? 이상해요.

학생 2 찾은 것이 다르잖아!

아이들 웅성거린다. 저마다 서평이 다름을 발견한다.

교사 책 제목이 무엇입니까?
학생 '그런 편견은 버려.'
교사 여러분 모두 같은 책 『그런 편견은 버려』에 대한 서평인데,
　　 서평이 다 다르네요.
교사 오늘 공부할 문제는 이렇게 같은 책이지만 서평이 다양한
　　 까닭을 알아보겠습니다.

이후 수업은 세 종류의 서평을 모두 읽고 비슷한 점과 다른 점을 찾아보고 같은 책의 서평이 다양한 까닭을 알아본 후 이 책을 읽고 싶은지 여부를 다시 정하는 것으로 정리한다.

고학년 국어 수업의 경우 동기 유발이 필요 없는 것이 많다. 수업 시작과 함께 텍스트를 바로 제시하여 본 활동으로 곧장 들어갔기에 분량이 많은 텍스트를 충분히 읽어볼 시간을 가질 수 있었다. 이처럼 불필요한 단위 수업 시간의 도입부를 생략 또는 압축하는 대신 학생들의 본 활동 시간을 더 많이 확보할 수 있는 것이다.

물론 동기 유발이 필요한 경우도 있다. 저학년이나 단원의 처음 같은 경우가 그렇다. 때에 따라서는 내재적 동기 유발을 이끌어내기 위해 한 시간이 통째로 필요한 경우도 있다.

동기 유발을 위한 최신 기술들과 쇼맨십, 화려한 영상 자료들을 찾는 대신 수업에 알맞은 소재와 교재들을 찾아 다듬는 본질적인 교재 연구에 더 관심을 가지고 그것이 중심 줄기가 되어야 하지 않을까.

📘 오답을 살리는 수업을 하라

아이들이 어떤 이유로 오답의 함정에 빠지게 되는지 짚어보고 오답의 가치를 터득하여 수업 속에서 생산적으로 살려 써보자.

지금까지 수업 중 아이들의 오답은 수업을 방해하는 장애물로 여겨졌다. 오답을 한 아이는 엉뚱이로 비웃음거리가 되거나 자신의 실수를 부끄러워해야 할 때가 많았다. 정답만 존재하는 교실에는 몇몇의 우수아들만이 살아 있다. 그러나 오답이 살아 있는 교실에는 우수아와 부진아 모두가 살아 있다. 사고가 있고 토론이 있기 때문이다. 아이들의 오답을 수업의 가장 중요한 소재로 삼고 문제 해결 상황에서 발생하는 오류를 발견하고 해결해나갈 때 그 수업은 온전히 학생들 자신의 것으로 남게 된다.

오답으로 수업을 시작한다

교사들은 수업을 준비하면서 아이들의 다양한 선개념, 오개념, 난개념들을 예상하고 대비한다. 그러나 이러한 아이들의 오답을 100% 수집한다는 것이 가능한 일일까? 수업에 앞서 교사 혼자의 머리로는 불가능하다. 그렇다면 어떻게 그 시행착오를 줄일 수 있을까?

☞ **1학년 수학 한 자릿수의 뺄셈 수업 장면**

> 사과 4개, 배가 7개 있습니다.
>
> 배는 사과보다 몇 개가 더 많습니까?

교사 다 같이 세어봅시다.

(아이들과 함께 소리 내어 세면서 자석 7개를 붙인다.)

사과는 4개, 배는 7개입니다.

이 문제를 푸는 식과 답을 공책에 씁니다.

학생들 오답 학생을 포함하여 4명의 학생들이 칠판에 나가 자기 식을 쓴다.

①	②	③	④
4-7=3	7-4=3	$\begin{array}{r} 7 \\ -4 \\ \hline 3 \end{array}$	4+7=11

교사 세 명은 식은 다르지만 답이 3이 나왔고 한 명은 답이 11이 나왔습니다. 모두 소중한 생각들입니다. 이렇게 생각한 이유를 들어보겠습니다. 나와서 설명해주세요.

학생들 아이들이 각각의 식을 보고 정답과 오답에 대하여 토론한다.

아이들은 설명 과정에서 본인의 오류를 깨닫고 친구들의 도움을 받아 수정하게 된다. 이 과정을 통해 수학적 의사소통을 하게 되고 뺄셈식에 대한 개념을 더욱더 정확하게 알게 된다.

④번 식 오답: 4 + 7 = 11

→ 문장제 문제에서 "많습니까?"라고 물으니까 덧셈으로 만듦.

①번 식 오답: 4 − 7 = 3

→ 4가 앞에 7이 뒤에 나오니까 순서대로 뺄셈식으로 만듦.

1학년 아이들은 큰 수에서 작은 수를 덜어내는 상황(구잔)에 대한 이해는 비교적 쉬우나 A와 B의 차를 구하는 상황(구차)에 대한 이해에서는 혼란이 있다. 구잔 상황과 구차 상황은 기본 뺄셈 구구를 익히면 문제에서 구분하지 않아도 되지만, 뺄셈의 초기 개념 형성에서는 수 모형 등의 조작 활동을 통해서 원리를 터득하고 형식화할 수 있도록 유도해야 한다. 다음과 같은 과정들이 도움이 될 수 있다.

- 문장제 문제를 천천히 소리 내어 읽는 활동을 2번 이상 반복한다.
- 문장을 이해한 대로 그림으로 그려본다.
- 다양한 구체물이나 수 모형으로 조작 활동을 한다.
- 뺄셈식으로 나타낼 수 있는 다양한 상황들을 만들어본다.
  (예) 나간다, 도망간다, 날아간다, 떨어졌다, 들어간다, 준다, 먹는다, 터진다, 누가 더 많은지 적은지 비교한다.

교사가 아이들의 오개념을 예상하고 준비한다

보통의 아이들이 공통적으로 가지고 있는 오개념이 항상 존재한다. 그것을 교사가 미리 예상하고 수업을 준비한다면 아이들에게 좋은 오류 수정의 기회가 될 수 있을 것이다. 이때 교사가 정답을 바로 알려주는 것이 아니라 아이들이 오개념을 스스로 수정해가는 과정이 중요하다. 그 속에서 아이들은 자신의 불확실성을 깨닫고 결론의 성급함을 반성하며 더 깊이 탐구하게 될 것이다.

☞ 5학년 과학 식물의 뿌리 수업 장면

감자와 고구마를 관찰해보고 고구마는 뿌리고 감자는 줄기임을 알아보는 수업이다.

교사　여기 땅속의 맛있는 식물 고구마와 감자가 있습니다.
　　　이것들은 뿌리일까요? 열매일까요?
학생　당연히 뿌리죠. 둘 다 땅속에서 자라는 것들이잖아요.
교사　땅속에 있으니까 뿌리라는 말이구나.
　　　모둠별로 고구마와 감자를 자세히 관찰해보고 차이점을 찾아봅시다.

학생　고구마는 주변에 뿌리털이 많이 달려 있는데 감자는 깨끗하네요.
학생　고구마는 한쪽 끝은 둥글고 다른 한쪽은 길쭉하게 삐져나와 있어요.
교사　(크게 칭찬하며) 고구마에서 아주 중요한 부분을 발견했습니다.
　　　바로 그 부분이 단서입니다. 뿌리가 땅속에서 잘 뻗어나가려면 어떻게 생겨야 할까요?
학생　뿌리 아래쪽이 뾰족하고 단단해야 흙 속으로 쉽게 파고들

겠죠.

학생 　시골에서 고구마 캐기 했을 때 뾰족한 쪽이 깊이 박혀 있었어요.

교사 　길고 뾰족한 그 부분을 가리켜 뿌리골무라고 하는데, 이 부분은 뿌리를 계속 자라게 하고 보호한답니다.

학생 　당근이나 무도 그런 길고 뾰족한 뿌리골무 부분이 있어요.

학생 　그런데 감자는 그런 뿌리골무 부분이 없어요. 감자는 전체가 동글동글합니다.

학생 　감자는 눈처럼 생긴 게 몇 개 있어요.

학생 　집에 사둔 감자 씨눈에서 싹이 자란 것을 본 적이 있어요.

학생 　감자는 길쭉하게 삐져나온 뿌리골무 부분이 없는데요.

학생 　그럼 이건 뿌리가 아니고 줄기인가?

　(이후 생략)

아이들은 땅속에 있기 때문에 당연히 뿌리라고 생각하지만 자세한 관찰을 통해 둘의 차이점을 발견하고 뿌리의 특징에 대해 더 자세하게 알게 된다.

※ 참고: 고구마는 뿌리입니다. 줄기가 길게 땅바닥을 따라 뻗으면서 뿌리를 내리고 뿌리의 일부가 커진 덩이뿌리입니다. 감자는 줄기입니다. 땅속에 있는 줄기 마디에서 가는 줄기가 나와 그 끝이 비대해진 덩이줄기입니다.

오류 지점에서 친구가 알 때까지 차근차근 설명한다

수업 중 오답을 다룰 때에는 교사의 일방적인 설명 전달 방식이 아니라 아이들끼리 자기들의 말로 질문하고 설명하게 하는 것이 좋겠다. 아이들은 친구들의 생각 속에서 배우는 것을 좋아하기 때문이다. 서로 다른 풀이 방법을 듣고 말하는 과정의 되풀이는 아이들이 스스로 소화한 자기들의 언어로 표현되어 어른(교사)의 설명보다 아이들의 이해를 쉽게 만든다. 이때 아이들에게 발표하는 것과 설명하는 것은 다르다는 점을 정확히 상기시켜야 한다. 단순히 자기 정답을 발표하는 것이 아니라 친구가 이해할 수 있게 소화된 자기 말로 설명하는 수학 수업을 말하는 것이다. 친구가 알 때까지 끈기를 가지고 차근차근 설명하도록 계속 안내하자. 그 과정 속에서 오류가 포착되고 여기서부터 배움은 시작된다.

다만 교사는 아이들이 중요한 단서가 되는 말을 했을 때 이를 학급 전체에 되돌리기를 한다든지 오류의 오류에 빠지지 않도록 개입할 시점을 적절하게 결정해야 할 것이다.

☞ 5학년 수학 대분수×자연수의 계산 수업 장면

사진과 같이 어떤 학생이 대분수×자연수 계산에서 대분수 상태 그대로 약분하며 자신만의 방법을 설명한다. 듣고 있던 아이들이 '앗, 뭔가 이상한데?'라며 의문을 표한다.

$$3\frac{5}{8} \times \overset{3}{\cancel{12}} = 3\frac{15}{2} = 10\frac{1}{2}$$

$$\overset{}{\underset{2}{}}$$

$$\times : 이유$$

오답의 문제점을 스스로 발견한 아이들은 오류 지점을 찾고 '대분수 곱셈에서 그대로 약분을 해도 되는가?'라는 주제로 토론을 시작하게 된다.

학생 1 선생님이 지난 시간에 분모하고 자연수하고 약분이 되면 하라고 했습니다. 그래서 진욱이는 ×12에서 분모 8과 12를 약분하고 곱했습니다.

학생 2 진욱이의 풀이는 틀렸습니다.

교사 어떤 부분이 틀렸습니까?

학생 3 예, 대분수 곱셈에서 그대로 약분하면 안 됩니다.

교사 대분수 곱셈에서 대분수 상태 그대로 약분하면 안 된다. 그렇습니까? 그럼, 대분수 곱셈에서 대분수를 바로 약분하는 것은 왜 안 되는지 친구들에게 설명을 해봅시다.

학생 4 지난 시간에 계산식에서 바로 약분을 해도 된다고 했습니다. 그러므로 이렇게 약분해도 됩니다.

학생 5 아닙니다. 진욱이의 풀이로 계산을 하면 안 됩니다. 지난 시간에 한 것은 진분수의 식에서 바로 약분을 한 것입니다. 이번 시간은 대분수이므로 지난 시간과 다릅니다. 대분수는 자연수와 진분수의 합입니다. 그런데 진욱이의 풀이로 하면 진분수에만 곱하기 12를 하게 되어버립니다. 그러므로 자연수 3에도 12를 곱해서 함께 더해줘야 합니다.

아이들에게 눈과 귀를 열어야 한다

복잡하고 완벽한 수업 계획안대로 수업을 짜놓고 그것대로만 하느라 아이들의 보석 같은 오답이나 질문들을 놓치는 경우를 많이 보아왔다. 자료를 많이 준비하면 할수록 수업 계획안이 길고 복잡할수록 교사는 오히려 아이를 못 보고 못 듣게 된다.

수업 계획안에 여백을 두어야 한다. 교사의 설명을 줄이고 대신 아이들의 생각과 토론으로 채워야 한다. 교사가 말을 많이 하면 할수록 아이들은 소외된다. 그날그날 수업 속에서 아이들의 오답을 놓치지 않으려면 교사는 수업 시간에 아이들이 하는 들릴 듯 말 듯 한 혼잣말이나 질문 가득한 표정들을 놓치지 않아야 할 것이다.

수업 후 아이들의 공책을 꼼꼼히 검사한다

거기엔 분명히 아이들 머릿속에서 맴돌던 물음표와 느낌표의 흔적이 있다. 수업 시간에는 알고 있는 척 연기를 하고 있었을지라도 공책에는 자신이 아는 대로, 아는 만큼을 쓸 수 있기 때문이다. 필자는 공책 속에 남긴 아이들의 오류와 고민을 발견할 때마다 빛나는 원석을 발견한 것과 같은 기쁨을 느낀다. 그 원석을 갈고닦아 다음 시간의 훌륭한 원료로 사용할 수 있을 것이다.

교실은 오답하는 곳이다

아이들의 오답은 그 무한한 상상력만큼이나 다양하고 독창적이다. 아이들의 황당한 생각, 상식을 벗어난 생각이 자유롭게 나오는 교실이야말로 제대로 배울 수 있는 교실이다. 아이들은 실패를 하면서 성장해가는 존재이기 때문이다. 틀릴 것을 두려워하는 교실에서는 제대로 된 배움이 일어나지 않는다. 배움과 두려움은 공존할 수 없기 때문이다. 오답이 있는 교실이야말로 믿음과 배려가 있는 교실이라 할 수 있다. 아이들은 실패를 하면서 성장해나가는 존재이기 때문이다.

📖 범위를 한정해 사고하게 하라

지나치게 막연하거나 광범위한 물음은 학생들의 사고를 촉진시키기보다 오히려 정체되게 할 수 있다. 이때 적절한 예시를 주거나 한정된 범위에서 판단하도록 하면 학생들은 보다 활발하게 사고하기 시작한다.

"주인공의 성격이 어떤 것 같나요?"

"착해요."

"좋아요."

"그래요. 근데 어떻게 좋은지 조금 더 구체적으로 말해보세요."

"……."

일반적으로 열린 발문은 확산적 사고를 유도한다. 그러나 경험과 어휘가 부족한 학생들에게 지나치게 광범위한 발문은 대답하기 너무나 벅찬 과제이다. 교사가 구체적으로 묻지 않으니 당연히 학생들은 지극히 일반적이거나 엉뚱한 쪽의 반응을 하게 되는 것이다. 비고츠키가 제시한 비계scaffolding는 학생들의 현재 수준과 교사가 기대하는 목표 수준 사이의 간극을 연결해주는 적절한 수준의 도움을 의미한다. 교사는 자력으로 도달하기 어려운 목표에 도전하는 학생들에게 구체적인 예시를 보여주거나 생각의 범위를 한정 지어 주어 학생들의 사고의 방향을 적절하게 유도할 수 있다.

한정된 자료를 제시하라

국어 수업에서 어휘력은 텍스트의 이해를 좌우하는 중요한 기반이 된다. 해당 텍스트와 관련된 어휘 자료를 준비하여 예시로 보여주면 학생들의 작품에 대한 이해를 높일 수 있다.

문학 작품을 읽고 인물의 성격을 알아보는 수업이다. 텍스트를 읽고 대강의 내용을 파악한 후, 성격 파악을 위해 먼저 텍스트 속에서 인물의 성격을 알 수 있게 해주는 말이나 행동을 찾아보게 한다. 문학 감상력이나 어휘력이 뛰어난 학생들은 이런 활동으로도 인물의 성격을 적절히 찾아낼 수 있을 것이다. 그러나 상당수의 학생에게는 더 근접된 수준의 비계설정이 필요하다.

교사   (성격을 나타내는 낱말 카드 자료를 제시하며) 여기에 인물의 성격을 나타내는 여러 가지 낱말이 있어요. 이 가운데 잘 모르는 낱말이 있나요?

학생 1   '음흉하다'가 무슨 뜻이에요?

교사   혹시 '음흉하다'의 뜻을 설명할 수 있는 사람?

학생 2   속이 시커멓다, 나쁘다는 뜻이요.

교사   맞아요. '음흉하다'는 겉은 좋아 보여도 속이 고약하다, 엉큼하다는 뜻이에요.

학생 3   그럼 오소리 성격이네?

교사   그런 것 같지요. 그럼 먼저 오소리의 성격을 나타내는 표현과 그렇게 생각하는 까닭을 찾아봅시다.
        (학생들 각자 낱말 카드를 보고 공책에 한 가지 이상씩 찾아 쓰게 한 후 발표하였다.)

학생 4 '오소리는 음흉하다.' 겉으로는 잘해주는 척하면서 원숭이를 속였기 때문에.

학생 5 '욕심 많다.' 원숭이의 잣을 모두 빼앗았기 때문에.

학생 6 '꾀가 많다.' 원숭이가 신발을 살 수밖에 없도록 계획을 세웠기 때문입니다.

성격을 나타내는 말		
현명하다	어리석다	긍정적이다
단순하다	사려 깊다	욕심 많다
당당하다	꾀가 많다	의존적이다
음흉하다	솔직하다	자주적이다

적절한 범위의 구체적인 예시 자료가 갖는 의미는 크다. 지나치게 광범위하거나 많은 예시 자료는 학생들의 사고에 혼란을 주며, 반대로 자료의 수나 범위가 너무 한정적일 경우 학생들의 사고의 폭이 좁아져 다양하고 창의적인 생각이 나오기 어렵다. 앞의 예처럼 학생들의 수준에 적합한 예시 자료를 한정적으로 제시해주는 것이 좋다. 학생들은 제시된 낱말 하나하나를 비교하고 대조하면서 그와 관련된 인물의 말과 행동을 연결 지어 성격을 판단하고자 적극적으로 사고한다. 이러한 어휘 자료를 활용한 수업은 어휘력 증진과 문학 작품에 대한 이해도 풍부해지는 효과를 얻을 수 있다.

문장의 부분적 형식을 주고 완성하게 한다

수업의 분절마다 수속 정리가 이루어진다. 이때 학생들로 하여금 주요 내용을 정리하도록 한다면 다음과 같이 부분적인 형식을 제시해주는 것이 도움이 된다.

교사 이번 시간에 배운 것을 바탕으로 인물의 성격에 따른 사건의 결과를 정리해봅시다. 인물의 어떤 성격으로 인하여 어떤 사건이 일어나게 되었는지 생각해서 기록해보세요.

판서

- 원숭이는 ~(성격) 하여 ~~(사건)하였습니다.
- 오소리는 ~(성격) 하여 ~~(사건)하였습니다.

학생이 공책에 기록한 내용

③ 이야기를 읽고 인물의 성격과 사건의 관계를 알아봅시다
오소리: 욕심 많다.
원숭이: 어리석다.

원숭이는 어리석어 오소리가 준 꽃신을 덥석 받았습니다

만약 교사가 '인물의 성격에 따른 사건의 결과를 정리해봅시다.' 혹은 '인물의 어떤 성격으로 인하여 어떤 사건이 일어나게 되었는지 생각해서 기록해보세요.'와 같은 발문만을 던졌다면 학생들은 정확하게 어떤 활동을 해야 할지 갈피를 잡지 못했을 것이다. 이럴 때 앞의 예처럼 문장의 형태와 그 안에 들어갈 구성 요소를 한정해주면 학생들의 혼란을 줄이는 데 도움이 된다. 이는 학생들의 사고 방향을 명확하게 설정하여 상대적으로 중요한 내용에 집중할 수 있도록 도와준다.

글자 수를 제한한다

생각을 기록할 때 글자 수를 제한해주는 것은 학생들의 사고를 자극하는 흥미로운 도전 과제이다.

- 이등변삼각형의 특징을 15글자 이내로 쓰시오.
- 미래형 신도시란 어떤 것이어야 한다고 생각하는지 10자 내외로 쓰시오.
- 꿈이란 ○○○○○: 다섯 글자로 표현해보시오.
  - ▶ 꿈이란 희망과 도전.
  - ▶ 꿈이란 새로운 시작.
  - ▶ 꿈이란 나의 미래다.
  - ▶ 꿈이란 달려가는 것.

글자 수를 제한하여 기록하도록 하는 것은 학생들이 배운 것을 요약하는 능력을 길러줄 수 있을 뿐 아니라 '꿈이란 ○○○○○'의 예처럼 함축적인 표현을 이끌어내는 효과가 있다. 글자 수가 제한되는 순간 학생들의 뇌는 주변적인 것을 걸러내면서 보다 핵심에 집중하게 되며 이것을 마치 게임처럼 즐기기까지 한다.

시간을 제한한다

생각을 기록할 때 글자 수와 더불어 시간을 제한하는 것도 효과적인 전략이다. 시간이 한정되어 있다는 것을 깨달으면 학생들은 더욱 치열하게 목표에 집중한다.

- 사진을 2분간 살펴보고 알 수 있는 사실을 두 가지 이상 찾아 기록하세요.
- 3분 이내에 주제에 대한 자신의 의견을 기록하세요.
- 시에서 인상 깊었던 부분에 대해 짝과 각각 30초씩 이야기 나누세요.
- 인물이 한 일에 대해 느낀 점을 한 사람이 10초 이내로 돌아가며 이야기하세요.

학생들이 가장 흥미를 갖는 과제는 성공률과 실패율이 각각 50% 정도라고 판단될 때라고 한다. 너무 높아 오르지 못할 나무는 쳐다보려고 하지 않고 반대로 너무 낮은 나무는 도전할 필요를 못 느끼기 때문이다. 교사는 과제는 수준 있는 것으로 준비하되 적절한 범위의 도움 자료를 제공하여 학생들이 성공하는 경험을 갖도록 도와야 한다. 또한 학생들이 과제를 수행할 때 글자 수나 시간을 제한하는 전략을 통해 좀 더 밀도 있는 목표 달성이 이루어지도록 자극제 역할을 해야 한다.

📕 아이들의 생각을 흔들어놓아라

아이들에게 자신들이 알게 된 또는 알고 있는 사실과 다른 정보를 제공함으로써
혼란에 빠뜨리는 경험을 제공하자. 그러면 아이들은 한 번 더 생각하고 더욱 깊이
있게 사고하게 된다.

사람은 누구나 생활 과정에서 생기는 일에 대하여 자신의 생각을
갖기 마련이다. 하지만 그 생각이 언제나 옳고 보편타당한 것은 아니
다. 아이들도 부족한 생각을 내놓고 더 이상 생각을 진행하지 않고 만
족할 때가 있다. 이럴 때 아이들의 사고의 폭을 넓혀주고 다시 한 번
자신의 생각을 곱씹어볼 수 있도록 하는 활동이 필요하다. 그런데 수
업을 하다 보면 아이들은 교사가 제기한 문제에 아무런 반응을 하지
않기도 한다. 이는 교사의 지적 권위에 눌려 자유로운 생각을 표현하
기가 곤란하기 때문이다. 이때 가상의 친구[*]를 등장시켜 교사를 대신
하여 필요한 의견을 제시함으로써 아이들의 막힌 생각의 길을 열어
주는 것이다. 가상의 친구는 수업 속에서 정체된 사고를 자극해주는
학생, 반대편에서 공격하고 맞서는 학습의 경쟁자, 곤란에 처해 있을
때 적절히 도와주는 조력자의 역할을 한다.

• 『수업 기술의 정석 모색』의 저자 한형식은 가상의 친구로 '순이'를 등장시킨다.

반대편에서 공격하고 맞서는 학습의 경쟁자

가상의 친구로 하여금 학급 학생들이 분명하다고 믿고 있는 사실을 부정하거나 헷갈리게 하는 그럴듯한 논리로 뒷받침돼 있는 의견을 제시하는 것이다. 모두가 분명하다고 믿고 있을 때 의외의 의견을 맞아 아이들은 생각하지 않았던 부분에 대해 다시 생각하기 시작한다. 이러한 과정을 거치며 아이들의 사고는 발전하게 되며 보다 타당하고 객관적인 생각으로 다듬어진다.

6학년 수학 원주와 원주율에 대한 개념을 공부하고 '원주'를 구하는 방법을 알아보는 시간이다. 가상의 친구 '딴지'를 통해 아이들이 지름과 반지름의 관계를 되짚고 넘어감으로써 원주율과 지름, 원주율과 반지름을 이용하여 원주를 구하는 방법을 정확히 알게 한다.

교사 '지름의 길이에 대한 원주의 비율'을 '원주율'이라고 합니다. 다 같이 약속하기를 읽어봅시다.

학생들 (원주율)=(원주)÷(지름)입니다.

교사 원주를 구하는 식은 어떻게 될까요? 공책에 적어보세요.

학생들 (원주)÷(지름)이 (원주율)이므로 (원주)=(지름)×(원주율)을 하면 됩니다.

교사 그렇죠. 6÷2=3에서 2×3을 하면 6이 되는 것과 같은 원리이죠.

교사 좋습니다. 그럼 반지름을 이용하여 원주를 구할 수도 있나요?

학생들 네.

교사 공책에 적어봅니다.

(궤간 순회 후)

교사 선생님이 둘러보니 우리 반 친구들은 모두 (원주)=(반지름)×2×(원주율)이라고 적었네요. 그런데 '딴지'는 반지름을 이용하면 다음과 같은 식이 된다고 합니다.

딴지의 생각

(원주)=(반지름)×(반지름)×(원주율)

교사 '딴지'의 생각에 대한 여러분의 생각을 ○, ×로 공책에 기록해봅시다.

교사 ○라고 생각하는 사람은 모두 일어서보세요. 그 이유를 말해봅시다.

학생 1 지름은 반지름이 두 개 있는 것과 같기 때문에 (반지름)×(반지름)입니다.

학생 2 아닙니다. 반지름이 두 개가 되려면 (반지름)+(반지름)이 되어야 합니다.

학생 3 맞아요. (반지름)×2가 되어야 지름이 됩니다.

교사 자, 그럼 짝이 '딴지'라고 생각하고 예를 들어 짝에게 설명해봅시다.

곤란에 처했을 때 적절히 도와주는 조력자

본 수업의 목표를 달성하는 과정에서 학생들로부터 필수적인 의견이 나오지 않을 때가 있다. 그럴 경우에는 미리 준비해둔 의견을 가상의 친구가 제시하도록 한다. 이와 같은 의견이나 물음을 교사가 제시할 수도 있지만, 이럴 경우 학생들의 마음에서 의욕이 솟아오르지 않아서 수동적으로 학습하기 쉽다. 이때 가상의 친구 '딴지'를 등장시켜 수업 진행과 학습 목표 도달에 필수적인 도움 의견을 제시하게 한다.

6학년 수학 각기둥의 전개도에 대해 약속한 뒤 직접 각기둥을 잘라 전개도의 모양을 살펴보고 전개도를 그리는 수업이다.

교사 　지난 시간에 만든 삼각기둥, 사각기둥, 오각기둥의 모서리를 잘라 펼쳐봅시다.

학생들 　(각기둥 전개도를 만들어 칠판에 삼각기둥, 사각기둥, 오각기둥으로 분류하여 붙인다.)

교사 　우리가 만든 전개도를 보고 '딴지'는 이러한 사실들을 발견했다고 합니다.

딴지의 발견

삼각기둥은 2+3, 사각기둥은 2+4, 오각기둥은 2+5라고 쓸 수 있어.

교사 　2+3, 2+4, 2+5에서 2라는 숫자와 3, 4, 5라는 숫자가 무엇을 나타내고 있는지 생각해봅시다. 생각을 다한 친구는 짝에게 설명해볼까요?

학생 1 　2는 각기둥의 밑면의 개수이고 모든 기둥의 밑면은 2개입니다.

학생 2 3은 삼각기둥의 옆면의 개수, 4는 사각기둥의 옆면의 개수, 5는 오각기둥의 옆면의 개수를 나타냅니다.

교사 그럼 2+3=5, 2+4=6, 2+5=7에서 5, 6, 7이라는 숫자는 무엇을 나타낼까요?

학생 3 삼각기둥, 사각기둥, 오각기둥의 면의 수를 나타냅니다.

교사 또 다른 공통점이 있을까요?

교사 모둠 친구들과 의논하여 '딴지'처럼 각기둥 전개도에서 규칙을 더 찾아봅시다.

질문을 통해 사고를 자극하는 친구

아이들은 제대로 이해하지 못했음에도 불구하고 묻지 않는 경우가 많이 있다. 이런 경우 가상의 친구를 등장시켜 아이들의 궁금증이나 의문을 대신 질문하도록 한다. 또 학급의 아이들이 의문을 품거나 질문할 생각조차 못한 것을 가상의 친구가 질문함으로써 새로운 탐구 의욕이 생길 수 있게 만든다.

3학년 과학 동물의 생김새 단원 첫 차시 수업이다. 식물과 비교하여 동물이 가지는 특징에 대해 기록해보고 나누는 시간이다.

교사 식물과 비교했을 때 동물의 특징은 무엇인가요?

학생 1 동물들은 소리를 낼 수 있어요.

학생 2 동물은 움직일 수 있어요. 그래서 먹이를 구하러 다녀요.

학생 3 동물은 알이나 새끼를 낳아요.

학생 4　산소를 마시고 이산화탄소를 내뿜어요.

교사　잘 알고 있네요. '딴지'가 이런 사진을 가지고 왔습니다.

교사　(다양한 모습의 산호 사진을 제시하며) 이것은 무엇일까요?

학생들　산호요.

딴지의 질문

"얘들아, 산호는 식물일까? 동물일까?"

교사　'딴지'는 여러분에게 무엇을 물어보고 있나요?

학생들　산호가 식물인지 동물인지 궁금해하고 있어요(의견이 분분하다).

산호가 식물인지 아닌지에 대해 공책에 기록한 후 활발한 토의를 통해 아이들의 생각을 들어본다.

• 산호가 식물이라고 생각하는 이유

학생 1　산호들은 움직이지 못하고 바닥이나 바위에 딱 붙어 있기만 한다.

학생 2　산호들은 한곳에 붙어서 살랑살랑 움직이는 것 말고 떨어져서 움직일 수 없다.

학생 3　산호들은 눈, 코, 입이 없고 나뭇가지처럼 생겼다.

학생 4　산호들은 다리가 없고 알이나 새끼를 안 낳는다.

• 산호가 동물이라고 생각하는 이유

학생 5　식물은 짠물을 먹고 살 수 없는데 산호는 바닷속에 살고 있다.

학생 6   물살 때문에 눈에 잘 보이지 않지만 산호는 아주 조금씩
움직이고 있을 것이다.

학생 7   TV에서 산호가 플랑크톤이나 새우, 작은 물고기를 잡아먹
는 모습을 본 적이 있다.

마지막으로 산호는 단단한 성질과 한자리에 붙어 자라는 특성 때문
에 18세기까지 광물이나 식물로 잘못 알려지기도 했지만, 산호는 동
물임을 정리해주고 수업을 이어간다.

오늘날 많은 학자들이 학교가 수행해야 할 과제로 사고력의 확장을
꼽는다. 그런데 아이들은 '생각하라'고 지시한다고 해서 생각해주는
만만한 존재가 아니다. 그렇다고 스스로 '이제 생각 한번 해볼까?' 해
서 되는 일도 아니다.

『수업 기술의 정석 모색』에서 한형식은 인간은 자신이 가지고 있는
지식이나 상식·경험이 대립되거나 모순되는 정보에 접하여 지적 균
형을 잃게 되었을 때, 깨어진 균형을 회복하려고 노력하게 되는데, 이
지적인 노력이 바로 사고라고 하였다. 따라서 교사는 아이들에게 대
립·모순되는 정보를 제공하는 작업을 꾸준히 해야 할 것이다. 교실에
는 많은 차이를 가진 아이들이 함께 학습하고 있다. 우수한 아이나
다소 부족한 아이 모두에게 조금은 어려운 정보를 찾아 제공하는 일
은 가르치는 교사에게도 배우는 학생에게도 모두 의미 있는 일이 될
것이다.

📖 이름 짓기를 하라

아이들이 수학의 개념이나 연산 방법에 나름의 이름을 붙이는 것을 허용하면 수학 시간은 어른들의 학문을 아이들에게 전수하는 시간이 아니라 학문을 만들어가는 재미를 느끼는 시간이 될 수 있다.

63145 최무선, 5203 파바로티, 99503 이원철, 1772 가가린, 5535 안네 프랑크…… 이것들은 사람의 이름을 딴 소행성들이다. 이처럼 소행성을 새로 발견하고 나서 궤도가 확정되면 고유의 번호와 함께 발견자가 원하는 경우 새로운 이름을 붙일 수 있다. 이렇게 만들어진 소행성의 이름은 이미지와 함께 우리의 머릿속에 오랫동안 기억된다.

태양계에 새롭게 등장하는 소행성이 있듯이 모든 교과에는 주요 학습 용어나 해결 방법들이 나온다. 수업 시간에 배우긴 했으나 학년이 올라갈수록 학습량이 늘어나고 그만큼 기억해야 할 용어나 해결 방법도 많아지다 보니 아이들 머릿속은 헷갈리는 용어나 방법들로 가득 차 있다. 게다가 주요 용어나 방법들은 어려운 한자어로 된 것이 대부분이라 처음부터 개념 또는 해결 방법을 명확히 이해하기 어렵다. 이럴 때 유용한 것이 '이름 짓기'다.

수학 용어의 이름 짓기를 한다

일상생활에서 접하는 여러 사물들을 기하학적으로 탐구하여 도형에 대한 기초적인 개념이나 관계, 직관적 통찰력을 기르는 것은 학생들의 공간 감각을 키우는 데 도움이 된다. 공간 감각은 일상생활에서 부딪히는 여러 가지 문제를 해결하거나 이후 평면도형이나 입체도형의 기본 개념을 학습할 때 유용하다. 이러한 관점에서 볼 때 도형의 개념을 약속한 후 특징을 알아보는 것보다 모양들의 특징을 직관적으로 파악한 후 아이들이 자기 '언어'를 이용하여 이름 짓는 활동이 더 큰 의미가 있다.

수 영역에서도 분수를 이해하고, 진분수, 가분수, 대분수 등으로 확장해가거나, 약수, 배수를 처음 배울 때 그 특징에 따라 아이들이 먼저 이름을 붙여보면 앞서 배운 개념과 연결 지어 공통점과 차이점을 스스로 깊게 따져볼 기회가 생기는 것이다.

1학년 여러 가지 모양의 개념을 정립하는 수업 상황이다. 여러 가지 입체 도형의 모양을 알아보고 이름 짓기를 한다. 먼저 아이들은 다양한 모양의 직육면체 모양을 관찰하며 모양의 특징을 찾아낸다.

교사 ⬛ 모양 물건들을 종이에 대고 그리면 모두 무슨 모양이 나오나요?

학생 1 여러 가지 네모 모양이 나옵니다.

학생 2 작은 것도 있고 큰 것도 있어요.

학생 3 넓적한 것도 있고 길쭉한 것도 있어요.

교사 바닥에 굴려볼까요?

학생 당연히 안 굴러가요.

교사 무엇 때문에 안 굴러갈
까요?

학생 1 평평한 면이 있으니까
요.

학생 2 뾰족한 부분이 있으니
까요.

교사 친구들과 와 같은 모양들을 무엇이라고 할지 이름을 정
해봅시다.

아이들은 모양과 관련된 다양한 이름을 발표한다. 아이들이 지은
이름은 다음과 같다.

**납작이, 상자모양, 네모, 정사각형,
평평한 네모, 육면체, 딱딱네모, 벽돌모양**

교사 여러 가지 멋진 이름들이 나왔네요. 여러분이 지은 것들로
의 우리 반 이름을 지어봅시다. 공통적으로 들어간 낱말
을 찾아봅시다.

학생 1 네모라는 말이 여러 번 나와요.

학생 2 모두 다 여러 가지 상자들이에요.

학생 3 그럼 네모와 상자라는 말을 넣어서 '네모상자모양'이라고
이름 지어요.

수학 용어에는 한자어로 된 것이 많다. 비, 비율, 약수, 배수, 최대공

약수, 최소공배수, 분수, 각, 이등변삼각형, 평행사변형, 대칭…… 정해진 이름이 한자어인 경우 아이들이 이름 짓기를 한 다음 교사가 한자 뜻풀이를 해주면 더욱 쉽게 기억하고 개념을 명확하게 이해할 수 있다. 그리고 학급에서 정한 자신들의 명칭만 기억하지 않도록 학문적 공식 명칭과 비교하여 정리해주는 시간을 꼭 갖는다.

연산 방법의 이름 짓기를 한다

한 가지 문제 해결을 위해 다양한 연산 방법을 사용하는 경우가 있다. 교사와 아이들은 여러 가지 방법을 도출하고 장·단점을 비교하여 자신에게 적절한 것을 고르는 경우가 많이 있다. 이때 각 방법에 아이들과 함께 적절한 이름을 붙여보면 그 방법을 잘 기억하고 친구들에게 설명하거나 서술형 문제를 해결하는 과정에서 그 용어를 사용하여 간단히 정리할 수 있다.

다음은 5학년 최대공약수를 찾는 다양한 방법을 찾는 수업 상황이다. 교과서와 교사의 설명을 바탕으로 아이들은 세 가지 방법을 알게 되었고, 각각의 방법에 아이들과 협의하여 이름을 붙여주었다.

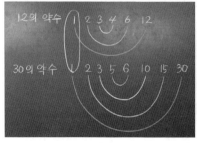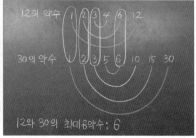

12의 약수에서 1과 12, 2와 6, 3과 4를 연결한 모양을 보며 아이들은 뒤집어진 무지개 모양이라 하여 '무지개법'이라고 붙이고 싶어 했다.

$$12 = 2 \times \underline{6} \qquad\qquad 12 = 3 \times \underline{4} \qquad\qquad 12 = ② \times 2 \times ③$$
$$ = 2 \times \underline{2} \times 3 \qquad\qquad = 3 \times \underline{2} \times 2$$

$$30 = 2 \times \underline{15} \qquad\quad 30 = 3 \times \underline{10} \qquad\quad 30 = ② \times ③ \times 5$$
$$ = 2 \times \underline{3} \times \underline{5} \qquad\quad = 3 \times \underline{2} \times \underline{5}$$

교사   그럼 12는 2곱하기 2곱하기 3으로 나타낼 수 있고, 30은 2
      곱하기 3곱하기 5로 나타낼 수 있겠네요. 두 식을 찬찬히
      살펴보세요. 발견한 것을 무엇이든 발표해주십시오.

학생 1   둘 다 2, 3을 곱했습니다.

학생 2   더 이상 안 나눠지는 작은 수로 곱했습니다.

교사   그렇구나. 2나 3처럼 1과 자기 자신으로만 나눠지는 수를
      뭐라고 배웠습니까?

학생들   소수.

교사   그럼 이런 수의 곱으로 나타내는 방법을 무엇이라 부르면
      좋겠습니까?

학생들   '소수의 곱'이요.

'소수prime number'는 1과 자기 자신으로만 나눠지는 수, 즉 인수가
2개이고, 이와 비교하여 인수를 3개 이상 가진 수를 합성수라고 한
다. 초등 5학년 지도 과정에 '소수'라는 용어는 언급되지 않으나 약분
과 통분에서 기약분수를 지도할 때도 '소수'의 개념이 필요하다. 이때
역시 '1과 자기 자신 외에는 나눠지지 않는 수'로 길게 말하는 것보다
미리 개념 지도를 하고 '소수'로 명명해서 지도하는 것이 효율적이다.

```
       방법 ①              방법 ②
       2   5           ↓ 2 ) 12  30
   3 ) 6   15            3 ) 6   15
 ↑ 2 ) 12  30               2   5
       2 × 3 = 6            2 × 3 = 6
```

교사 방법 ①과 방법 ②의 같은 점은 무엇입니까?

학생 3 12와 30을 공통인 약수로 나눕니다.

교사 방법 ①과 방법 ②의 다른 점은 무엇입니까?

학생 4 방법 ①은 원래 나누기처럼 몫을 위에 쓰고, 방법 ②는 몫을 아래에 씁니다.

교사 48과 72의 최대공약수를 두 가지 방법으로 구해보고, 어느 방법으로 최대공약수를 구하는 것이 좋은지 선택한 후 이유를 적어봅시다.

(48과 72는 공약수가 많아 계산 과정이 길어진다. 선호하는 방법을 거수하게 하니 방법 ②가 단연코 많았다.)

교사 방법 ①을 선택한 친구는 이유를 말해주십시오.

학생 5 방법 ①은 원래 나누기와 비슷해서 쉽습니다.

교사 방법 ②를 선택한 친구는 이유를 말해주십시오.

학생 6 저도 방법 ①은 원래 나누기와 비슷해서 쉽긴 한데 약수가 많으니까 쓸 때 자꾸 올라가서 공책에 칸이 부족합니다.

교사 그렇군요. 그래서 많은 친구들이 방법 ②를 택했군요. 방법 ②의 이름도 생각해볼까요?

학생 7 나누기를 거꾸로 하니까 '거꾸로 나누기법'이라고 하면 좋겠습니다.

교사 좋은 생각입니다. 좀 줄일 수 있을까요?

이와 같이 연산 방법이 그 이름으로 약속되면 아이들의 머릿속에
는, '최대공약수를 구하는 방법은 무지개법, 소수의 곱, 역나누기법 세
가지다.'라는 것이 공고히 자리를 잡는다. 교사가 아이들에게 설명하
는 과정에서 간단히 그 방법을 명명하여 언급해줄 수 있고, 아이들도
서술형 문제를 해결하거나 친구에게 그 용어를 사용하여 간단히 문제
해결 과정을 설명할 수 있다.

문장으로 풀이 과정을 설명할 때 풀이 방법의 이름을 사용한 예

꼬마 수학자로서의 과정을 겪게 하여 수학적 사고력을 키우자

　수학 공부의 목적 중 하나를 수학적 사고력을 키우는 것이라고 할 때, 수학적 용어는 수학적 사고를 시작하게 하는 언어가 된다. 그러나 모든 수학적 용어를 아이들과 함께 도출할 수는 없으니 생각의 기반이 되는 적정 수준의 수학적 용어는 최대한 확실히 가르쳐야 한다. 그리고 꼬마 수학자로서 이름을 짓는 과정을 수업 시간에 겪어보게 해야 한다. 문제 해결 과정에서 연산 방법에도 적절한 이름을 붙여 다양한 문제 해결 과정을 스스로 설명하게 해야 한다. 이미 만들어진 수학적 용어의 철 구조물에 아이들의 수학적 이름 붙이기는 벽과 지붕을 요모조모로 얹어 자신의 집을 완성시키는 일이 될 것이다.

📖 의도적으로 결핍 상황을 만들라

수업 주제로 많이 등장하는 것 중 하나가 '어떤 것의 필요성'에 대해서 알아보는 것이다. 이런 필요성을 말로만 설명하지 말고 그것이 결핍된 상황을 학생들이 직접 체험하도록 해서 필요성을 자연스럽게 느끼도록 해야 한다.

수업 시간에 목적 또는 필요성을 함께 지도하는 경우가 많다. 필요한 이유를 알아야 그것을 확실하게 이해하고 제대로 실천할 수 있기 때문이다. 하지만 그 필요성을 공부할 때 현상이나 문제점에 대해서 보거나 듣는 설명 과정만을 통해서는 필요성을 제대로 느낄 수 없다. 결핍된 상황을 몸소 체험하고 불편함을 느껴야만 진정한 필요성을 느낄 수 있다. 그런 결핍의 경험은 우리 사회의 제도의 필요성, 시스템의 필요성, 가치덕목의 필요성 등과 연계되어서 자연스러운 학습 의지로 연결될 수 있기 때문이다.

의도적으로 결핍의 상황을 만든다

1학년 국어과 문장부호의 이름과 쓰임을 알아보는 수업이다. 문장부호와 그것이 문장에서 어떤 역할을 하는지 배운다. 여기서 문장부호의 쓰임을 말로만 설명했을 경우, 학생들은 문장부호의 필요성을 제대로 느끼지 못한다. 그래서 문장부호를 의도적으로 없앤 다음에 문장을 읽어보도록 한다.

교사   선생님이 나누어준 대화 내용을 읽어보세요.

학생들 (문장부호가 빠져 있는 문장들을 읽는다.)

교사   현수와 어머니가 서로 어떤 이야기를 하는지 알 수 있겠어요?

학생들 아니요.

교사   왜 그렇게 생각하나요?

학생 1 누가 배가 고픈 것인지 모르겠어요.

학생 2 누가 물어보고 있는지 모르겠어요.

교사   이제, 같은 대화 내용에 문장부호를 넣어서 적어보았습니다. 다시 읽어보세요.

교사   전에 읽은 것과 무엇이 달라졌나요?

학생 1 누가 물어보고 있는지 알겠어요.

학생 2 누가 대답을 하고 있는지 알겠어요.

교사   처음 대화 내용에는 없다가, 새로 생긴 것을 찾아서 동그라미로 표시해보세요.

문장부호를 생략한 읽기 자료	문장부호가 포함된 읽기 자료
현수: 학교 다녀왔습니다	현수: 학교 다녀왔습니다.
엄마: 배고파	엄마: 배고파?
현수: 배고파	현수: 배고파!

이렇게 의도된 결핍 상황을 경험하게 하면 학생들은 자연스럽게 문장부호의 필요성을 알 수 있다. 이런 결핍 상황은 불편함을 느끼도록 만들어주고, 그것을 보완하기 위한 대책을 떠올리도록 하기 때문에 학

생들이 능동적으로 사고할 수 있는 계기를 마련해주는 효과도 있다.

불편함에서 해결책을 찾도록 한다

수학에는 여러 가지 단위가 등장한다. 시간, 길이, 들이, 무게, 각도를 나타내는 다양한 단위가 있다. 그 단위를 도입할 때도 말로만 설명하지 않고, 필요한 단위가 없는 상황에서 느끼는 불편함을 그대로 느끼도록 해주면 효과적이다.

3학년 수학과 '1mm' 단위를 도입하는 시간이다. 교사는 미리 7.8cm의 직선을 칠판에 그려놓는다.

교사   칠판에 직선을 그려놓았어요. 길이가 얼마 정도 될지 어림
       해보세요.

학생 1 8cm요.

학생 2 5cm요.

교사   비슷하네요. 이 직선의 길이는 7cm와 8cm 사이에 있습니다.
       지금부터 투명종이에 선생님이 나누어준 자를 이용해서 칠
       판에 있는 것과 같은 길이의 직선을 그려보세요. 그 자에는
       센티미터만 표시되어 있습니다.

교사   다 그린 학생은 앞으로 나와서 자신이 그린 선을 칠판에 있
       는 것과 겹쳐보세요. 길이가 똑같지 않은 학생은 다시 그려
       보세요.

교사   한 번에 그린 학생 손들어보세요.

교사 한 번에 그리지 못하고 여러 번 그린 사람 손들어보세요. 여러 번 그린 학생이 많네요. 어떻게 하면 여러분이 칠판에 있는 것과 같은 길이의 직선을 한 번에 그릴 수 있을까요?

학생 1 길이를 조금 더 자세하게 알려주세요.

학생 2 센티미터와 센티미터 사이에 작은 눈금이 있으면 더욱 쉽게 그릴 수 있을 것 같아요.

교사 네. 선생님이 칠판에 보통의 자를 붙여놓았어요. 여러분이 가지고 있는 것과 어떤 차이가 있나요?

학생 1 센티미터와 센티미터 사이에 작은 눈금이 있어요.

교사 네. 이 작은 눈금을 센티미터보다 작은 단위인 밀리미터mm 라고 합니다.

센티미터보다 작은 단위가 없는 상태에서는 정확하게 같은 길이의 직선을 그릴 수 없기 때문에 여러 번 그리고 지우는 작업을 해야 한다. 그런 불편함을 느낀 후에는 '센티미터cm'보다 작은 단위의 필요성을 쉽게 느낄 수 있고 밀리미터의 단위를 도입하는 것이 자연스럽게 된다.

2학년에 나오는 미터m의 단위 도입도 마찬가지다. 칠판에 2m 정도 되는 직선을 그려놓고, 10cm 자로 길이를 재어보도록 한다. 그렇게 하면 반복해서 같은 작업을 해야 할뿐더러, 정확한 길이를 잴 수도 없다. 이렇게 불편함을 직접 몸으로 체험하는 활동을 하면 단위의 필요성에 대해서 쉽게 이해할 수 있다.

불편함은 인간을 사고하게 만든다. 말로만 듣는 필요성은 학생들에게 와 닿지 않는다. 불편함을 몸으로 느끼면 학생들은 사고하게 된다.

그 사고는 불편함을 개선하려는 노력에서 출발된 것이며, 능동적으로
수업에 참여하도록 도와준다.

📖 양쪽 입장에 서보게 하라

하나의 사안에 대립되는 인물을 양쪽 다 경험하게 하면 상황을 이해하는 폭이 넓고 깊어진다.

"마따호쉐프(너의 생각은 무엇이니)?"

이스라엘의 도서관은 우리나라 도서관과는 달리 아주 시끄럽다. 두 사람씩 짝을 지어 열심히 질문과 답을 하며 토론한다. 탈무드 교육 방법 중 하나인 하브루타havruta이다. 나이, 계급, 성별에 관계없이 두 사람이 짝을 지어 논쟁을 통해서 진리를 찾아가는 것이다. 토론을 바라보는 일반적 관점은 설득과 경쟁이지만 실제로 토론을 하게 하는 이유는 토론 준비를 위해 자발적으로 공부하고, 상대방과 이야기 나누며 부족한 부분을 보완하여 생각을 확장 발전시키는 것, 그리고 서로 생각이 다를 수 있음을 인정하며, 더불어 살아가는 방법을 배우도록 하기 위함일 것이다.

이러한 토론의 본래 이유를 잘 살리려면, 초등학교에서 보통 이루어지는 토론 절차와 방법에서 다음과 같은 점을 고려할 필요가 있다.

서로 대립되는 입장을 찾는다

토론을 할 때 아이들의 현재 상황에서 가치판단을 결정하는 안건에만 머무를 필요는 없다. 아이들의 생활과 관련된 문제는 처음에는 관심을 끌지만, 깊은 조사 없이 상식선에서 오고 가는 언쟁을 하는 동안 아이들은 토론의 깊은 재미를 느끼지 못한다. 토론의 안건은 어디에나 있다. 역사 속에는 시기마다 하나의 사안에 대해 대립적인 뜻을 가지는 인물들이 존재한다. 하나의 역사적 사실이 기록하는 이의 관점과 가치관에 따라 다르게 해석되기도 한다. 그러므로 대립적인 인물 양쪽을 모두 경험해본다면 조금 더 깊고 객관적으로 평가할 수 있을 것이다. 비단 역사 수업뿐 아니라 국어, 도덕은 물론, 과학과 미술에서도 가치 있는 토론 안건은 얼마든지 찾아낼 수 있다. 교과 공부에서 대립되는 입장 찾기는 아이들이 자발성을 갖추어 깊은 공부를 하게 만든다.

명분보다 백성의 생명이 더 소중하다. 후금과의 전쟁을 피해야 한다.	⇨ 중립 외교 ⇦	명나라를 받들고 청나라는 배척해야 한다.
마음을 표현하는 문화 방식이다.	각종 기념일에 선물을 ⇨ 주고받는 것 ⇦	어른들의 상술에 따른 겉치레다.
개성 있는 예술 표현의 한 형태이다.	⇨ 그래피티 아트 ⇦	허가되지 않은 공간을 함부로 사용하는 것은 불법 행위이다.
인류의 편리한 생활을 위해 꼭 필요하다.	⇨ 원자력 에너지 ⇦	방사능 물질 유출의 위험이 크므로 개발하지 말아야 한다.

대립되는 양쪽 입장 모두를 조사한다

5학년 사회과 '조선의 문화와 과학의 발달'에 관해 공부할 때는 훈민정음 반포에 찬성하는 세종과 반대하는 최만리를 비롯한 신하들의 역할로 나누어 토론을 준비한다. 양쪽의 입장에서 근거를 찾는다. 자신이 찬성하는 입장이라 하더라도 반대 입장에서 제시할 만한 근거도 조사하여 서로 대비하게 한다. 예를 들어 찬성 측 토론자라면 먼저 그 근거로 한자를 모르는 백성들이 법적으로 억울함을 당하지 않기 위해서, 유교적 이념의 배포, 한자음의 통일 같은 내용들을 조사한다. 여기서 그치지 말고 상대측의 근거도 조사한다. 훈민정음 반포는 사대주의에 반하는 것이며 오랑캐와 같아지는 것이고, 한자로 된 성리학을 게을리하게 되며, 여론을 무시한 독단이다 같은 반대 근거들을 정리해놓는다. 마찬가지로 반대 측 토론자도 두 가지 입장을 모두 조사한다.

각자의 입장에서 토론 가상 시나리오를 만든다

완전한 형식을 갖춘 토론에서는 논의의 전개에 따라 단계별 전체 줄거리가 필요하겠으나 초등학생 수준의 간단한 토론에서는 반론 부분의 예상 문답 형태 정도로 가상 시나리오를 써보게 하는 것도 좋다. 양쪽의 주장에 대한 근거를 조사한 다음, 그 근거를 바탕으로 토론할 때 일어날 수 있는 상대측의 반론을 예상하며 여러 개의 가상 문답형 시나리오를 만든다. 만약 반론의 타당성과 자기주장을 놓고 볼 때, 반론의 논증이 더 타당하다고 판단되면 그 반론을 수용하거나 자신의 주장에서 이유를 수정해야 할 것이다. 즉 '반론에 대한 고려'

를 시나리오로 만드는 것이다.

• 훈민정음 반포 찬성 측 토론자의 시나리오

세종대왕 우리나라 말이 중국과 달라 말과 문자가 서로 맞지 않아 어렵고 불편하다.

최만리 우리나라 법과 제도가 중국에 맞춰 정착되었는데 언문을 쓰면 혼란이 올 것입니다.

세종대왕 그 문제는 한글과 병기하여 표기하면 혼란을 줄일 수 있을 것이다.

• 훈민정음 반포 반대 측 토론자의 시나리오

최만리 중국의 제도와 법에 따라왔고, 문자는 황제가 만드는 것인데 중화의 질서와 문화에 위배되는 일입니다.

세종대왕 중국의 것을 따를 건 따르되 우리의 것도 지켜나가야 한다. 중국에서 가져온 역법도 우리나라에 맞지 않아 우리에게 맞는 역법서를 만들지 않았소?

최만리 몽골, 여진, 일본 등이 각기 그 글자를 가지고 있는데, 한자를 버리고 언문을 쓰는 것은 중국을 버리고 오랑캐와 같아지는 것입니다.

토론 후 글쓰기를 한다

토론에서 어떤 역할을 맡았든지 토론 후에는 그 안건에 대한 자신의 입장을 밝혀 전제를 내세운 다음, 이유와 뒷받침 근거를 제시하여 설명한다. 토론 중 나왔던 반론을 자신의 주장과 견주어 답하거나, 대안을 생각하여 써본다. 토론의 준비에서 본 과정까지 자신의 생각이 변해간 과정을 정리하고 토론으로 알게 된 사실과 자신의 신념을 연결하여 내면화하게 해야 한다.

토론을 마친 후 주제에 대해 정리한 글

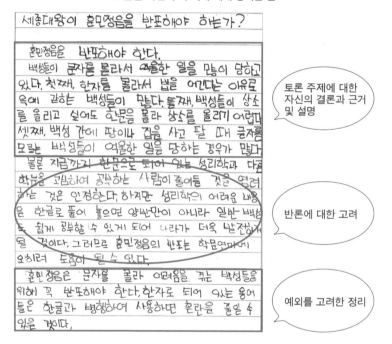

토론 전에 참여자는 각자의 역할을 소개하며 정중하게 인사하는 절차를 가진다. 상대편은 적이 아니라 서로의 공부를 돕는 역할임을 인지시키는 것이다. 그리고 토론할 때 녹음을 하면 참석자의 언행은 훨씬 신중하고, 참관자의 집중력도 높아진다. 녹음자료는 토론 후 글쓰기에 참고할 수 있다. 양쪽의 입장을 모두 고려하며 준비하고 토론한 후 쓴 글에서 더욱 깊어진 아이들의 생각을 만날 수 있다.

2장

참여하는 수업으로

손을 든 아이를 지명하지 마라

모두 일어서서 생각하게 하라

손가락으로 해당되는 곳을 짚어보게 하라

하나만 풀게 하라

한 번에 하나씩 지시하라

모두 한 가지씩 발표하게 하라

발표에 저작권을 부여하라

놀고 있는 아이를 만들지 마라

판단하며 듣게 하라

앞사람의 말을 이어받아 말하게 하라

소리 내어 읽게 하라

낭독하고 암송하게 하라

모르면 보고 쓰게 하라

📖 손을 든 아이를 지명하지 마라

자신 있게 손을 들고 발표하고자 하는 아이는 이미 정답을 알고 있다. 그러나 손 들고 있지 않은 아이라고 해서 정답을 모르는 것도 아니다. 교실에는 정답과 오답이 공존해야 한다. 그래서 교사는 의도적으로, 자주, 무작위로, 모든 아이들에게 발표의 기회를 주어야 한다.

수업 중 교사가 이렇게 발문한다.

"이야기 속에서 호랑이가 엉엉 운 까닭은 무엇일까요?"

이때 아이들은 두 가지의 선택권이 있다.

'저요!' 하고 손을 들어 발표 의사를 표시하거나 손을 들지 않고 가만히 있는 것이다.

이때 거수하는 아이는 대부분 자신만만한 우수아일 것이다. 그러나 안타깝게도 발표의 기회는 한 명에게만 돌아간다. 처음 아이가 정답을 발표한다면 수업은 일사천리로 진행될 수 있다. 그렇지 않을 경우 수업은 엉뚱한 방향으로 흘러가기 때문에 교사는 언제나 심사숙고하여 발표할 아이를 지명한다.

교사의 지명을 받은 그 아이는 기회를 얻었음에 기뻐하며 자신 있게 발표한다. 손을 들었지만 기회를 얻지 못한 아이들은 '아……' 하고 탄식한다. 혹시라도 답이 틀렸으면 기다렸다는 듯이 '저요! 저요!' 하며 처음보다 더 적극적으로 앞다투어 손을 든다. 이런 교실은 부정적인 상호 의존이 일어나고 있는 예이다.

발문→거수→지명→발표의 흐름 속에서 우리가 놓친 아이들을 찾아보자. 바로 손을 들지 않은 아이들이다. 답을 모르거나 알지만 참여하지 않는 아이들. 이들이야말로 진정으로 교사의 관심과 사랑을 기다리며 가르침에 배고픈 아이들이다.

그렇다면 교사의 발문은 어떻게 다음 발표로 의미 있게 이어져야 할까?

공책에 기록하는 것 자체가 발표이다

생각이 입으로 나오는 것만이 발표가 아니다. 머릿속 생각을 연필 끝으로 공책에 쓰는 것도 발표의 한 형식이기 때문이다. 공책에 기록하는 행위 자체로 발표의 효과가 있다. 또한 수정하고 덧붙일 수도 있으니 아이들은 쓰는 동안 자신의 생각이 더 깊어지고 넓어짐을 경험한다.

기립 발표는 한 명씩 순차적일 수밖에 없지만 공책 기록은 정해진 시간 안에서 동시다발적으로 이루어진다.

아이들 한 명 한 명의 기록을 확인할 수 있다. 말은 허공으로 날아가버리고 주워 담을 수도 지울 수도 없지만 공책에 쓰인 것은 언제라도 지우고 다시 쓸 수 있다. 교사의 순회 지도에 따라 즉각적으로 평가를 듣고 피드백을 받을 수 있다.

교사의 의도적 지명이 가능하다. 아이들 머릿속 생각은 알 수 없지만 공책에 기록된 생각은 교사가 눈으로 확인할 수 있다. 중요 발문에 대한 아이들의 다양한 생각을 범주화할 수도 있고 정답과 오답을 함께 발표시킬 수도 있다. 그래서 오답도 주인공이 될 기회를 얻는다. 기립 발표에서 오답은 당황스럽지만 공책에서 발견된 오답은 충분히 재조명을 받아 새롭게 태어날 수 있다.

협동 학습의 다양한 구조를 활용하여 발표 훈련을 한다

돌아가며 말하기, 돌아가며 쓰기, 동시다발적으로 돌아가며 쓰기와 같은 협동 학습 구조는 모둠 내에 많은 발표 기회를 준다. 4인 모둠의 경우 옆 짝, 앞 짝, 대각선 짝과 3번 이상의 서로 다른 상호작용을 경험하기 때문에 반복적인 발표 연습 효과가 있다. 그리고 모둠 발표는 앉아서 하기 때문에 전체 발표보다 부담 없이 말할 수 있다.

정보 교환 구조에 해당하는 회전목마 구조와 전시장 관람 구조는 발표자 한 사람이 다른 모둠 친구들이 올 때마다 반복적으로 발표하게 할 수 있다. 이 과정에서 아이들은 주제에 대해 전문성과 책임감, 원활한 표현력, 자신감을 갖추게 된다.

예외 없이 모두가 읽고, 발표하고, 토론한다

발표에도 부익부 빈익빈 현상이 있다. 발표를 하는 아이는 자주 하니까 점점 더 잘하게 되고, 발표를 안 하는 아이는 점점 더 못하게 된다. 이 악순환을 멈추려면 일단 발표에 성공하는 경험을 하도록 해야 한다.

처음 시도는 쓴 대로 읽게 한다. 쓴 것이 없을 경우 옆 친구 것을 보고 그대로 따라 하는 것도 허용한다. 당장 못할 것 같으면 다음으로 넘겼다가 마지막에 되돌아와서 발표하게 한다. 누구라도 언제든지 발표한다는 약속을 하고 예외 없음을 확인한다면 발표의 긴장감은 사라지고 오히려 동등하게 참여하는 책임을 다하는 교실이 될 수 있다.

발표에 대한 두려움을 버리고 발표된 모든 것에 의미를 부여하고 가능성을 열어둠으로써 수업은 정답과 오답, 애매모호한 답 모두 인정받고 그것들이 서로 향상적 변용을 일으켜 우리 반의 더 나은 생각으로 발전할 것이다.

무지명 읽기

일반적으로 읽기를 할 때면 교사가 지명하고 읽을 분량을 조절해준다. 그러나 무지명 읽기는 말 그대로 교사의 별도 지명이 없다. 아이들 스스로 자유롭게 자리에서 일어나 자기가 읽고 싶은 문장을 한 문장씩 읽고 앉는다. 만약 두 사람이 동시에 일어났을 경우 자연스럽게 양보하거나 함께 읽어도 괜찮다. 만약 읽기를 혼자 독점하려는 아이가 있다면 몇 번까지 허용할 것인지 미리 학급 약속을 정하는 것이 좋다.

반드시 한 번 이상은 읽어야 하기 때문에 읽기 부진아도 쉬운 문장을 선택하여 읽을 수 있다. 자신이 가장 잘 읽을 수 있는 부분을 읽기 때문에 실감 나게 읽을 수 있다. 또한 잘 듣고 있지 않으면 읽어야 할 부분을 놓칠 수도 있으니 긴장감을 가지고 집중하는 효과가 있다.

무지명 발표·토론

무지명 읽기가 잘 이루어진다면 무지명 발표에 도전해볼 수 있다.

먼저 교사가 주제를 제시하면 아이들은 별도의 지명 없이 다양한 의견들을 발표한다. 여러 아이들이 다양한 생각을 많이 발표할수록 더욱 풍부한 토론이 이루어진다. 그것은 새로운 생각일 수도 있고 친구의 의견을 지지하는 의견일 수도 있으며 반박하는 의견일 수도 있다. 이런 과정을 거치면서 한 사람의 정답이 우리 반 전체 해답으로 발전한다.

이것이 가능해지려면 학급 분위기가 아주 중요한데 틀린 답을 허용하는 분위기와 서로에 대한 존중이 바탕이 되어야 한다.

이 방법은 지명받는 것에 대한 학생의 부담을 줄이고 그들의 자유의지를 존중한다. 또한 지명하는 번거로움이 없이 물 흐르듯이 자연스러운 발표가 이어진다. 시간도 절약된다.

☞ 수업 장면. 5학년 국어 '샬롯의 거미줄' 줄거리 간추리기

교사   '샬롯의 거미줄'을 무지명 읽기 하겠습니다.

아이들   한 명씩 무작위로 일어나 자신이 읽고 싶은 한 문장씩을 읽고 앉는다.

교사   읽은 부분의 줄거리를 한 문장으로 요약하여 공책에 씁니다. 다 쓴 사람은 칠판에 나와서 자기 이름 칸에 씁니다.

혼자 힘으로 요약이 어려운 아이는 판서된 친구 것을 보고 쓸 수 있다. 다 한 아이는 다른 친구 것을 보고 내 것과 비교하여 더 좋은 생각을 내 공책에 옮겨 쓴다.

교사   지금부터 친구들 것을 보고 어느 것이 더 나은지 토론해봅시다.

아이들   공통적인 낱말들을 찾아낸다.

적절하지 않거나 어색한 표현들을 뺀다.

내 생각과 비교하여 비슷한 것은 연결하고 다른 것은 반박하며 토론한다.

발문 → 거수 → 지명 → 발표의 습관적 흐름을 끊는다

그동안 교실의 물리적 환경은 많은 발전을 가져왔다. 품질 좋은 비품들은 물론이요 최첨단 멀티미디어가 교실에 자리 잡고 있다. 반면 몇십 년 동안 변하지 않는 교사 학생 간의 발문, 거수, 지명, 발표로 이어지는 수업 흐름은 아직도 계속되고 있다. 이것부터 버려야 한다. 교사는 수업 시간에 아이 한 명에 대한 끈 하나를 가지고 있는 것이 아니라 아이들 모두에게 접근 가능한 통로를 만들어내야 한다.

📘 모두 일어서서 생각하게 하라

발문을 던진 후 모두 일어서서 생각하도록 해보라. 일어서는 순간부터 학생들은 좀 더 긴장된 상태로 수업에 다가가고 모두가 사고 활동에 참여하게 된다.

수업에서 모든 학생이 나름의 생각을 갖고 나누는 것은 협력적 배움의 중요한 토대이다. 하지만 몇몇 학생들은 교사의 발문을 귀담아듣지 않거나, 발표하는 친구 뒤에 숨어서 그들의 적극성에 '무임승차' 하고 싶어 한다. 심지어 이러한 학생을 구별해내는 것마저 쉽지 않다. 이들이 적극적으로 사고하도록 이끄는 간단한 방법이 있다. 발문을 던지는 순간 학생들을 모두 일어서게 해보자. 일어서서 주제에 대해 생각하도록 하는 것이다. 생각이 나면 자리에 앉아 기록하도록 한다. 적극적으로 사고하는 학생부터 차근차근 앉을 것이고 서 있는 학생들은 분발하지 않을 수 없다.

일어서서 생각하고 앉아서 기록한다

교사 직접 동물을 기르거나 주변에서 동물을 기르는 경우를 본
　　　적 있나요?

학생들 예.

교사 많은 친구들이 그렇다고 했는데, 집에서 동물을 기르면 어떤 점이 좋을까요? 모두 일어서서 생각해보겠습니다. 동물을 기르면 좋은 점이 한 가지 이상 떠오르면 자리에 앉아서 기록하세요.

학생들은 모두 일어서서 생각하기 시작한다.

대부분의 학생이 앉아서 생각을 기록하고 있다.

학생들은 모두 일어서서 생각하기 시작한다. 이때 발문을 잘 듣지 못했거나 소극적인 학생은 두리번거리며 주변 친구에게 물어보는 경우도 있다. 자리에 앉는 학생이 생겨나기 시작하면 서 있는 학생들은 적당한 긴장 상태에서 적극적으로 사고하게 된다. 이때 교사는 서 있는 학생들이 불안하지 않도록 편안하게 기다려주는 분위기를 조성해야 한다.

교사 아직 몇 명의 친구가 생각 중이네요. 친구들이 열심히 생각할 수 있도록 조금만 더 기다려줍시다. 앉아 있는 친구들은 다른 생각이 떠오르면 더 기록해도 됩니다.

이때 서 있는 시간은 길어야 3분 내외가 적합하다. 더 길어지면 먼저 앉은 학생들에게 학습의 공백 상태가 발생하므로 5분을 넘기지 않도록 한다. 간혹 시간이 지나도 한두 명이 계속 서 있는 경우가 있다. 그럴 때 교사는 그 옆에 가서 힌트를 주거나 과제를 잘못 알고 있는 등 다른 문제가 있는지 확인하여 자리에 앉을 수 있도록 도와준다.

교사 이제 모든 친구들이 자리에 앉았네요. 스물다섯 개의 다양한 생각들이 정말 궁금합니다. 이제 한 명씩 발표해볼까요?
학생 1 쉴 때 동물이랑 같이 놀 수 있습니다.
학생 2 강아지나 고양이는 애교를 피워서 즐겁게 해줍니다.

교사는 학생들의 생각을 비슷한 것끼리 모아 가능한 한 모두 판서해주는 것이 좋다. 이러한 판서는 학생들이 모두의 생각을 나누었을 때 이것이 얼마나 수업을 풍부하고 의미 있게 만드는지 가시적으로 보여줄 수 있기 때문이다.

학생들을 살피며 발문의 수준을 조정한다

'모두 일어서서 생각하기'를 할 때 발문은 선행 학습 여부와 관계없이 일반적인 학생들의 경험과 인지 범위에서 생각해서 찾아낼 수 있는 수준이 적합하다. 발문이 너무 어려우면 다수의 학생들이 계속 서 있게 되거나 또는 서 있는 상황이 불편해 그냥 자리에 앉아버리는 경우가 생긴다. 교사는 학생들이 일어서 있는 동안 지속적으로 표정과 동작 등을 잘 살펴 개입이 필요하다고 판단되면 즉각적인 대처를 해야 한다. 만약 발문 수준이 예상보다 어려워 학생들이 난처해한다고 판단되면 곧바로 2차 힌트를 주거나 발문의 수준을 조정하는 것이 좋다. 예를 들어 "식물이 씨앗을 퍼뜨리는 방법에는 어떤 것이 있을까요?"라고 발문했는데 학생들이 일어서 있는 시간이 길어진다면 "식물은 씨앗을 퍼뜨리기 위해서 향기나 열매를 이용하는데 이를 도와주는 것들이 있어요. 무엇일까요?"와 같이 구체적인 단서를 추가로 제시할 수 있다.

그리고 그냥 자리에 앉아버리는 학생이 발생하지 않도록 반드시 앉았을 때 각자의 생각을 공책에 기록하도록 하여 거듭 확인하는 과정을 거쳐야 한다.

★'모두 일어서서 생각하기'에 적합한 발문의 예
- 물을 절약할 수 있는 방법은 어떤 것이 있을까?(한 가지만 생각해서 써보자.)
- 금이 간 그릇은 어디에 쓰면 좋을까?
- 비 오는 날이 좋은 점은 무엇일까?
- '도시' 하면 떠오르는 낱말에는 어떤 것들이 있을까?(3개만 써보자.)
- 내가 생각하는 '꿈'이란?(10글자 이내로 써보자.)

이러한 예처럼 한정된 답이 아니라 다양하면서도 창의적인 답이 나올 수 있는 확산적인 형태의 발문이 적합하다. '모두 일어서서 생각하기'를 통해 펼쳐진 학생들의 다양한 생각은 토론과 같은 수렴 과정을 거쳐 점차적으로 학습 목표에 도달해가게 된다.

또한 '두 가지 이상 써보자', '10글자 이내로 써보자'와 같이 일어서서 생각한 후 앉아서 기록하는 방법까지 명확하게 지시해주어야 학생들의 사고가 보다 활발하고 적극적으로 이루어질 수 있다.

손가락으로 해당되는 곳을 짚어보게 하라

자료나 교과서에서 생각의 근거가 되는 곳이나 교사가 지시하는 곳을 찾아 손가락으로 짚어보도록 하여 모두가 학습에 참여하는 주인공이 되게 한다.

일상적으로 이루어지는 수업 장면을 보면 교사는 열심히 설명하는데 멍하니 앉아 있거나 어디를 설명하는지 모른 채 두리번거리는 아이들이 이따금 보인다. 이런 아이들을 그대로 놓아둔 채 수업을 진행하면 수업에서 소외되어 학습을 제대로 못하게 된다. 그러면 우수한 아이들은 다 알지만 학습에 어려움을 겪는 아이들은 뒤처지고 만다. 아이들이 도대체 무슨 공부를 하고 있는지를 모르는 수업은 배움을 주는 시간이 아니라 오히려 아이들의 배움을 빼앗는 시간이 될 수도 있다.

아이들 모두가 학습에서 리듬을 잃지 않고 참여할 수 있도록 하는 손쉬운 방법이 바로 손가락으로 해당되는 곳을 짚어보도록 하는 것이다. 이것은 매우 간단하지만 모두를 학습에 참가하게 하는 데 큰 효과가 있다.

손가락으로 짚고 나서 다 같이 읽는다

아이들에게 교사가 지시하는 곳을 찾아 손가락으로 짚게 한 다음

다 같이 소리 내어 읽게 한다. 이는 학습의 흐름을 놓치지 않고 전체가 다 함께 하나의 목표를 향해 나아갈 수 있도록 해준다. 다음은 6학년 사회과 '우리나라 기온의 특징'을 공부하는 장면이다.

교사　교과서 18쪽을 폅니다.

교사　짝이 18쪽을 폈는지 확인해보세요.

교사　왼쪽 지도의 이름을 손가락으로 짚어보세요.

교사　다 같이 읽어봅니다.

학생들　우리나라 1월의 평균 기온.

교사　손가락으로 제주도의 1월 평균 기온을 짚어봅니다.

교사　제주도의 1월 평균 기온은 얼마인가요?

학생들　6℃입니다.

교사　중강진을 찾아 손가락으로 짚어보세요.

교사　중강진의 1월 평균 기온은 얼마인가요?

학생들　영하 16℃입니다.

교사　제주도와 중강진의 1월 평균 기온을 통해 알 수 있는 우리 나라의 겨울 기온의 특징을 공책에 한 가지만 적어보세요.

손가락으로 짚고 나서 짝과 확인한다

교사가 지시한 대로 모두가 따라 했는지 제대로 확인하지 않고 일부만 실행한 상태에서 앞으로 나가면 학습을 따라오지 못하는 아이들이 생길 수 있다. 이러한 경우 손가락으로 해당되는 곳을 찾아 짚게 한 다음 짝과 함께 서로 확인하도록 하면 어려움을 겪고 있는 아이에게 도움이 된다.

6학년 사회과 '경제 성장에 따른 생활 모습의 변화'를 공부하는 장면이다.

교사　책을 덮으세요.

교사　지금부터 선생님이 말한 것을 잘 기억합니다.

교사　지붕에 장독이 보입니다. 초가지붕이 보입니다. 돌담이 보이며 집들이 다닥다닥 붙어 있습니다.

교사　교과서 67쪽과 68쪽을 펼칩니다.

교사　방금 선생님이 설명한 사진을 찾아 손가락으로 짚어보세요.

교사　짝이 잘 찾았는지 서로 확인하세요.

교사　몇 년도의 모습입니까?

학생들　1950년대의 주택 모습입니다.

교사　이번에는 1990년대의 주택 모습을 찾아 손가락으로 짚어보

세요.

교사 짝이 정확히 찾았나요?

교사 1990년대의 주택 모습을 나타낸 사진 자료에서 무엇이 보이
는지 세 가지만 찾아 공책에 적어보세요.

손가락으로 짚고 나서 심봤다를 외친다

수업에서 '심봤다' 놀이와 병행하여 활용하면 놀이처럼 재미있게 수
업을 진행할 수도 있다. 이번 차시 공부의 핵심이 될 만한 단어를 교
사가 불러주면 교과서의 해당되는 쪽수 안에서 아이들이 그 단어를
찾아 손으로 짚고 '심봤다'를 크게 외치는 것이다. 제일 먼저 '심봤다
25쪽.' 하고 먼저 찾은 아이가 핵심 단어가 있는 위치를 가르쳐주면
나머지 아이들도 그곳을 찾아 손가락으로 짚으며 '25쪽 인정!' 하고
외친다.

이상은 사회과의 수업 장면들이었다. 이러한 방법은 사회과뿐만 아
니라 국어과를 비롯한 다른 과목의 수업 시간에도 다양하고 유용하
게 쓰일 수 있다.

예를 들어 읽기 시간 논설문의 특성을 알아보는 수업에서 주어진

글을 읽고 글쓴이의 주장이 쓰인 문장을 찾아 손가락으로 짚어보게 한다든지, 거꾸로 주장에 대한 근거가 되는 문장을 찾아 손가락으로 짚어보게 할 수 있다. 또한 문단에서 핵심이 되는 단어를 찾아 손가락으로 짚어보게 할 수도 있다. 여러 곳을 찾아 짚어야 할 경우에는 연필로 밑줄을 긋거나 동그라미를 그리게 해도 좋다.

과학 수업에서는 같은 부분 찾기, 다른 부분 찾기, 이상한 곳 찾기, 예상하는 결과의 근거가 되는 부분 찾기 등에 활용할 수 있다.

이처럼 손가락으로 해당하는 곳을 짚어보게 하면 모두가 하나의 목표를 향해 수업에 집중하게 된다. 그리고 각자의 학습 상황을 즉시에 스스로 확인하며 제대로 수업에 참여하게 된다. 뿐만 아니라 교사도 빠른 시간 안에 모두가 지시대로 했는지 확인해서 다음 단계로 넘어가야 할지 좀 더 기다려야 할지 수업 흐름의 속도를 조절할 수 있다.

📘 하나만 풀게 하라

문항 하나를 선택하여 풀게 한다. 정해진 시간 안에 교과서에 제시된 문항을 모두 풀어야 한다는 생각에서 벗어나 아이들에게 한 문제를 선택하여 풀게 해보자.

"항상 주어진 문제를 다 풀어야 할까?"

교사와 학생 모두 주어진 문제를 다 풀어야 한다는 고정관념이 있다. 매 수업 시간, 빠르게 많이 푸는 것만을 추구하면 안 된다. 수업 상황은 매번 달라지기 때문이다. 교과서와 각종 학습지에 제시된 문제를 모두 푸는 것은 당연한 것이 아니라 여러 수업 기술 선택 상황 중 하나일 뿐이다. 예를 들어 교과서에 제시된 기본 문항 수가 4개일 때 모든 문항을 정해진 시간 안에 다 풀게 하는 방법을 선택하거나, 아이들에게 풀어야 할 문항 수를 명확하게 한정 지어주는 방법 중에서 선택할 수 있다.

하나를 정확하게 풀게 하는 것은 중요한 수업 기술이다. 이는 교사가 한 문제만 의도적으로 선택해주어 풀게 하거나 또는 자신이 풀고 싶은 문제를 아이 스스로 선택하는 것으로 다시 나눌 수 있다.

하나를 선택하여 풀게 한다

교사가 의도적으로 만든 학습지가 아니더라도 교과서에 제시된 문제 중에도 쉽고 어려운 문제가 있다. 이 중 하나를 선택하여 풀게 해 보자.

우선 여기서 말하는 한 문제는 어떤 문제를 말하나?

이는 본 수업에서 가장 기본이 되는 문제로 교사가 의도적으로 선택한 하나의 문제를 가리킨다. 아이들이 빠르고 정확하게 해결할 수 있는지 여부를 고려하고, 학급 구성원 전원의 이해 정도를 짧은 시간 안에 확인할 수 있는 문제가 선택된다.

교사 수학 21쪽 익히기 네 문제 중에서 첫 번째 문제만 풉니다.

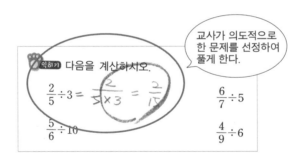

수학 21쪽 네 문제 중 아래 두 문제는 약분해야 하는 하나의 과정이 더 있는 문제이다. 본 차시에서 먼저 확인해야 하는 것은 '나눗셈을 곱셈으로 바꿔서 풀 수 있는가'인데, 학생들의 이해 여부를 확인하려면 위의 두 문제가 더 명확하게 확인할 수 있는 문제이다. 그래서 첫 번째만을 풀고 확인받을 수 있게 한 것이다. 수학 교과서에는 한 차시에 해당하는 쪽 아래에 비슷한 유형의 문제가 4~6개 정도 익히기 형태로 제시되어 있다. 그런데 유형이 비슷한데도 난이도는 차이를 보인다. 숫자에 따라 아이들이 혼동 없이 쉽게 풀 수 있는 문제가 있는가 하면 한 단계 더 고민해야 하는 문제도 함께 있다. 교과서로 보면 해당 쪽의 위쪽과 왼쪽에 더 쉽게 풀리는 문제가 주로 배치되어 있다.

다음으로 아이에게 한 문제만 선택하여 풀 수 있는 권한을 넘겨주는 방법도 있다. 문항의 난이도가 비슷할 때 아이 스스로 선택할 수 있게 하면 효과적이다. 이때 교사는 하나만 선택해서 푼다는 문제 풀이의 개수만 정확히 한정 지어주면 된다.

교사 수학 교과서 57쪽 익히기 세 문제 중에서 하나만 선택해서 풉니다.

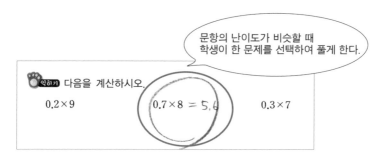

교사가 선택하든 아이들이 선택하든 문제를 하나만 풀게 한다는 것은 어떤 의미일까?

아이들은 문제 해결에 대한 부담감을 늘 가지고 있다. 특히 문항 수가 많을 때 학습의 긴장감은 높아진다. 그런데 하나만 선택해 풀게 하는 수업 기술은 '하나인데 뭐!'라는 생각으로 아이들의 학습 긴장감을 낮추어 문제 풀이에 긍정적인 감정을 갖게 한다.

스스로 풀고 싶은 문제의 개수를 선택하게 한다

"꼭 한 개만 풀어야 하나요?"

물론 아니다. 여러 문제 중 자신이 풀고 싶은 개수를 스스로 선택해 풀게 하는 또 다른 방법도 있다. 자신의 능력에 맞게 혹은 그날의 컨디션에 맞게 아이들은 풀고 싶은 문제의 개수를 정할 수 있다. 특히 유형이 다양한 문제가 있다면 아이들 스스로 자신이 풀고 싶은 문항 수를 선택할 기회를 주면 효과적이다.

교사 69쪽에서 풀고 싶은 문제에 동그라미를 합니다.

한 문제를 선택해 풀든 두 문제를 선택해 풀든 자신이 풀고 싶은 개수를 스스로 선택할 때 아이들의 학습 부담은 줄어든다. 물론 이때 일부 아이들은 바로 의문 갖는다.

'다른 아이들은 다 풀지 않을까?'

그런 의문이 든 아이들은 어떻게 할까? 교사가 더 풀라고 말하지 않아도 이미 스스로 다른 문제를 골라서 풀고 있을 것이다.

모든 아이들을 빠짐없이 검사한다

모든 아이들이 수업 시간에 얼마나 알고 있는지 알아보는 것은 매우 중요하다. 하지만 교사 혼자 단위 수업 시간 안에 전체 아이들이 푼 문제를 검사하고 피드백을 해준다는 것은 쉽지 않다. 전원 검사의 어려움과 부딪히게 되는 첫 번째 이유가 시간 부족이다. 그런데 하나만 선택해서 풀면 교사가 빠르게 검사를 할 수 있다.

> 교사　수학 32쪽 익히기 네 문제 중에서 첫 번째 문제만 풉니다.
> 다 푼 사람은 선생님에게 가져옵니다.

또한 수학 문제를 혼자 푸는 것을 힘들어하는 아이에게는 자신이 푼 문제의 개수와 상관없이 모두 백 점을 맞을 수 있다는 안정감을 심어주는 것이 우선이다. 심리적 안정감은 자신감으로 이어져 빠르게 검사받는 기쁨을 넘어서 더 많은 문제를 풀고 싶다는 즐거움으로 점프할 것이다.

> 교사　1개를 풀어도 100점, 2개를 풀어도 100점, 10개를 풀어도 100점입니다.

풀어야 하는 문제 수를 교사가 한정 짓는 것과 아이 스스로 정하는 방법은 둘 다 아이들이 수학을 싫어하는 것에서 조금이나마 벗어날 수 있는 방법이 된다. 또한 학급 구성원 개개인의 성취 서열이 아니라 해당 차시에 대한 이해 여부만을 묻는 것은 포석을 까는 것과 마찬가지 역할을 한다. 아이들이 풀어야 하는 문제 수를 한정 짓는 것만으로도 수업의 긴장감은 줄어든다. 모두 풀어야 한다는 고정관념에서 벗어나자.

한 번에 하나씩 지시하라

교사의 말이 길면 아이들 가운데에는 제대로 알아듣지 못하고 망설이는 아이가 있기 마련이다. 그러므로 교사의 지시나 안내는 한 번에 하나씩, 짧게 끊어서 말해야 한다.

"교과서 62쪽에 그림이 두 개 있지요? 2개의 그림 중 하나를 골라 그 그림을 보고 알 수 있는 사실을 세 가지 이상 공책에 기록하세요. 다 한 사람은 친구와 공책을 바꿔서 친구가 쓴 내용을 읽어보세요. 친구가 쓴 내용 중 가장 인상에 남는 내용을 한 가지 골라 친구의 이름과 함께 자신의 공책에 요약해서 쓰세요. 활동을 다 한 사람은 앞에 나와 선택 학습지를 가져가서 풀어보세요. 활동 시~ 작!"

아이들의 질문은 끊임없이 쏟아지고 심지어 활동에 대한 안내를 하자마자 선택 학습지를 가지러 나오는 아이들도 있다.

과연 교사의 이 말 속에 몇 개의 지시가 들어 있을까? 그림 속 교사의 말에는 무려 8개 정도의 지시가 들어 있다.

이처럼 수업 중에 우리는 수많은 지시와 안내를 하게 된다. 바꾸어 말하자면 지시나 안내가 없는 수업은 생각할 수가 없을 정도이다. 하지만 우리는 위의 예처럼 한 번에 너무 많은 양의 지시나 안내를 하는 실수를 범하고 있다. 이에 학생들은 자신이 맞게 이해했는지를 재차 질문하고 교사는 그 학생에게 다시 지시를 하거나 전체를 대상으로 한 번 더 설명을 하게 된다. 그러므로 학생들이 제대로 알아들을 수 있도록 지시나 안내하는 기술을 익혀둔다면 수업 시간을 더욱 효율적으로 사용할 수 있을 것이다.

한 번에 하나씩 지시나 안내를 함으로써 전원의 참여를 이끌어낸다

교과서의 그래프를 보며 한 번에 하나씩 지시하고 학생들의 이해 정도를 확인하며 수업을 진행한다.

교사 교과서 88쪽을 펴세요.
    (학생들은 88쪽을 편다.)
교사 (88쪽을 편 것을 확인하고) 무엇이 보이나요?
학생들 그래프요.
교사 두 개의 그래프가 나와 있네요. 그중에서 우리나라 주요 수출품의 변화를 나타낸 그래프를 찾아 손가락으로 짚으세요.

(학생들은 해당 그래프를 손가락으로 짚는다.)

교사 제대로 짚었는지 짝과 비교해보세요.

(학생들은 짚은 부분을 비교해본다.)

교사 수출품이 어떻게 바뀌었나요? 두 그래프를 1분 동안 관찰해보세요.

(학생들은 두 그래프를 비교해본다.)

교사 (관찰이 끝난 것을 확인하고) 알 수 있는 사실을 두 가지 이상 공책에 기록해보세요.

(학생들은 공책에 알아낸 사실을 기록한다.)

공책 기록을 다 못한 친구들을 기다리는 동안 다 한 아이들은 칠판에 나와 자신의 생각을 적게 한다. 기록을 끝내지 못한 아이들을 기다려줌과 동시에 친구와 자신의 생각을 비교해볼 수 있게 한다.

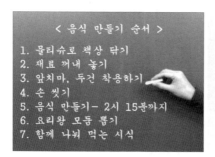

활동 내용이 많을 경우 교사의 지시 후 활동 순서를 간략하게 판서하거나 칠판에 쪽수와 활동 마무리 시간을 안내해줄 수도 있다.

이렇듯 한 번에 여러 가지 지시나 안내를 하면 아이들뿐 아니라 어른들도 그것을 다 기억하지 못하거나 그 순서를 헷갈려 하는 것이 일반적이다. 더군다나 교실에는 여러 가지 지시를 다 이해하는 우수아도 있지만 한 가지 지시도 어려워하는 부진아도 있다. 그러므로 교사의 잘못된 지시로 인해 학습 낙오자가 생기지 않도록 지시나 안내는 한 번에 하나씩 해야 한다. 덧붙여 한 가지의 지시 다음에 학생들 모두 제대로 했는지 확인한 후 다음 지시나 안내를 해야 전원의 참여를 이끌어낼 수 있다는 점을 꼭 기억해야 한다.

📘 모두 한 가지씩 발표하게 하라

반 전체 아이들이 교사의 신호와 함께 약속된 순서에 따라 떠오르는 단어나 짧은 문장을 끊어짐 없이 한 가지씩 발표한다.

1교시 수업은 대체로 분위기가 처지고 몰입이 잘 안 되는 경우가 많다. 물론 점심을 먹고 난 5교시 수업도 다른 교시보다 아이들의 집중력이 많이 떨어진다. 이럴 때 쓰나미가 밀려와 순식간에 대륙을 삼키듯 연속적으로 이어지는 '한 가지씩 한마디 발표'는 짧은 시간 안에 모든 아이들을 수업에 참여시킬 수 있다.

교사는 제일 처음 발표할 사람과 발표 순서를 말해주고 나서 반 전체 아이들에게 질문을 던진다. 아이들은 발표가 끊어지지 않도록 차례대로 떠오르는 단어를 말하는데, 할 말이 떠오르지 않을 경우 '다음으로'라고 말하면 다음 차례 친구가 발표를 한다. '다음으로'라고 말한 아이는 다른 아이들이 모두 발표하고 나서 생각이 난 것을 말하거나 친구들이 발표한 내용 중에서 공감이 가는 내용을 정리하여 마지막에 발표하게 한다.

다양한 생각을 꺼내놓는다

본시 학습 내용과 관련된 포괄적인 내용을 질문하고 나서 모두가 한 가지씩 한마디로 발표하게 한다. 이와 같은 방법을 활용하면 짧은 시간에 다양한 생각들을 꺼내놓을 수 있어 수업에 활력을 불어넣고 아이들의 주의를 환기시킬 수 있다.

6학년 사회과 세계 속의 우리 경제 1차시, 무역의 개념에 대하여 알아보는 수업이다.

교사   시장이나 대형 마트에 가보면 다양한 종류의 외국 상품을 볼 수 있습니다. 내가 본 외국 상품을 한 가지씩 말해봅시다.

학생 1   바나나.

학생 2   장난감.

학생 3   호주산 소고기.

학생 4   다음으로.

학생 5   젤리.

　　　　　　　　　　　……

교사   다음으로 했던 친구, 생각이 났나요?

학생 4   호주산 소고기.

교사   네, 이렇게 많은 다른 나라 상품을 우리나라 마트에서 살 수 있는 것은 우리나라가 다른 나라와 ○○을 하기 때문입니다.

교사   ○○이 무엇일까요? ㅁ과 ㅇ으로 시작되는 말입니다.

학생들 무역입니다.

교사 네, 오늘은 무역이 무엇인지 알아보도록 하겠습니다.

개인의 생각들을 연결 짓는다

수업을 하다 보면 다양한 생각을 반 전체 아이들이 공유해야 할 경우가 있다. 작은 물줄기가 모여 큰 강을 이루듯 개인의 생각이 하나, 둘 모이면 새로움이 탄생한다.

다음은 6학년 국어, 시를 이야기로 바꾸어 쓰는 수업 장면이다.

교사 시 속에 등장하는 인물은 누구입니까?

학생들 아버지와 나입니다.

교사 아버지 하면 떠오르는 모습을 한 가지씩 말해봅시다.

학생 1 신문을 보신다.

학생 2 엄마의 잔소리를 듣고 있다.

학생 3 흥얼거리며 운전을 하신다.

학생 4 베란다에서 담배를 피우고 계신다.

학생 5 다음으로.

학생 6 나랑 같이 축구를 한다.

                  ......

교사 다음으로 했던 친구, 말해볼까요?

학생 5 네, 낮잠을 주무신다.

교사 (칠판에 아이들이 발표한 모습을 받아 적는다.)

교사　여기 있는 문장들을 이용하여 아버지와 관련된 짧은 글을
　　　적어봅시다.

알게 된 것을 한 가지씩 말한다

　아이들에게 이번 시간에 공부한 내용 중에서 가장 기억에 남는 단
어나 문장을 한 가지씩 발표하게 한다. 이때 공책이나 칠판에 기록되
어 있는 내용을 보고 '한 가지씩 한마디 발표'를 하도록 하면 이 시간
에 공부한 핵심 내용을 자연스럽게 정리할 수 있다.

교사　이번 시간에는 우리나라의 민주화 과정에 대해 알아보았습
　　　니다. 오늘 공부를 통해 가장 기억에 남는 문장이나 알게
　　　된 점, 느낀 점을 한 가지씩 말해봅시다.
교사　지환이부터 발표해보겠습니다. 시작!
학생 1　많은 사람들의 희생과 노력으로 이룬 민주화.
학생 2　5·18 민주화 운동.
학생 3　대한민국은 민주공화국이다.
학생 4　고맙다.
학생 5　우리나라 역대 대통령들.
학생 6　국민들의 적극적인 참여.
학생 7　평화적 정권 교체.
　　　　　　　　　　……
교사　국민들의 적극적인 참여와 관심이 민주주의를 발전시킵니
　　　다. 다음 시간에는 다양한 정치 참여 방법에 대해 공부하

겠습니다.

우리는 흔히 자세히 길게 말하면 좀 더 알기 쉽다고 생각하지만 그렇지가 않다. 길게 말하는 사람의 말일수록 무슨 말을 하고 있는지 알아듣기 어려운 경우가 많다. 제대로 잘 알고 있는 사람은 핵심만 말하므로 짧고 명쾌하다. 군더더기를 버리고 골격만으로 말을 구성하기 때문이다. 내용을 정리한다는 것은 쉬운 일이 아니다. 어른도 잘 못하는 경우가 흔하다. 이는 꾸준히 연습해야만 하는 것이다. 발표를 할 때 '한 가지씩 한마디 발표'를 활용해보자. 게임을 하는 것과 같아서 발표에 대한 부담감을 줄여줄 뿐만 아니라 모두가 즐겁게 수업에 참여하며 드러나지 않는 연습의 결과로 핵심만 말하는 능력을 기를 수 있다.

📖 발표에 저작권을 부여하라

학생들은 친구의 발표를 통해 더 많은 것을 배울 수 있다. 발표 내용 중 좋다고 생각되는 것을 골라 발표자의 이름과 함께 기록하게 해보자. 다른 사람 의견의 가치를 알게 되고 동기 부여가 된다.

"지원이는 현진이의 의견에 대해 어떻게 생각해요?"

"잘 모르겠어요."

"영재는 방금 발표한 세 명의 의견 중에 어떤 것이 좋다고 생각해요?"

"……민주가 했던 말이 잘 생각이 안 나요."

수업에서 친구의 발언을 귀담아듣지 않는 태도는 배움의 걸림돌이 된다. 학생들의 발언에서 의미 있는 것을 찾아내고 서로 연결 지어 배움을 이끌어내려는 교사의 노력에도 불구하고 많은 학생들은 의견 내어놓기와 들어주기에 인색하다. 학생들이 자신의 의견에 가치와 책무성을 부여하도록 '저작권 부여'를 해보자.

칠판 나누기에 이름표를 붙여준다

학생들의 의견을 동시다발적으로 칠판에 기록하여 비교하면서 이야기를 나누면 매우 활발한 토의가 일어날 수 있다. 이때 칠판에 의견과 함께 이름표를 붙이도록 한다. 모든 학생의 이름표를 미리 만들어두고 수시로 활용하는 것이 좋다.

교사 민주주의란 무엇이라고 생각하는지 친구들의 의견을 알아보았어요. 칠판을 보면서 공통적으로 나온 낱말을 찾아볼까요?

현수 민서, 보석이, 민주, 정린이가 '국민'이라는 말을 썼어요.

서진 우현이, 한결이도요.

성현 민서, 한결이, 정린이는 '국민'과 '주인'이라는 말이 같아요.

교사 ('국민', '주인' 단어에 모두 밑줄을 그으며) 그래요. 이 친구들은 '국민'이 '주인'인 것을 민주주의라고 생각하는군요. 또 찾아보세요.

웅비 보석이는 '국민', '주권'을 같이 썼어요.

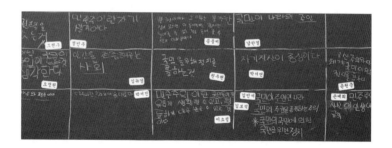

각자의 의견을 바탕으로 토의를 통해 핵심 개념을 찾아내는 과정에서, 학생들은 자신의 의견이 수업에서 의미 있게 다루어지는 경험을 갖게 된다. 또한 토의할 때 오른쪽 두 번째 줄에 있는 "민주주의는…… 이라는 의견에 보면"이라고 말하지 않고 "우현이의 의견에 보

면"이라는 식으로 말하면 토의가 훨씬 원활하고 명확하게 진행된다. 그 과정에서 저절로 친구의 의견에 관심을 기울이게 되며 좋은 의견을 구별해내는 안목이 길러진다. 자신의 의견이 공공화될 수 있다는 인식은 이후 수업에서도 책무성을 갖게 하는 효과가 있다.

누구의 의견을 통해 지금 나아가고 있는지 짚어준다

4학년 국어 시간, 모르는 낱말의 뜻을 국어사전에서 찾는 법을 공부하는 시간이다.

사전을 찾을 때 첫 자음 → 가운데 모음 → 끝소리 자음 순으로 찾는 것을 공부하고 나서 한 학생이 다음과 같이 질문한다.

한결   그럼 선생님, '밟다' 할 때 'ㄼ' 받침은 어디에 나와 있어요?

교사   좋은 질문을 했어요. 한결이가 말한 'ㄼ'과 같은 받침은 글자의 끝소리죠. 이것 역시 자음이에요. 그럼 'ㄼ'은 어떤 자음 다음에 나올까요?

소영   'ㄼ'이니까 'ㄹ' 다음에 나올 것 같아요.

교사   소영이 생각에 동의합니까?

민성   그런데 'ㄺ'도 있잖아요.

교사   오! 민성이 말처럼 'ㄺ'도 있는데?

소영   'ㄹ' 다음에 나오긴 하는데 'ㄼ'보다는 'ㄺ'이 먼저 나올 것 같아요.

교사   (칠판에 '밝다 ', '밟다'라고 쓰며) 소영이 의견은 '밝다'와 '밟다' 순서로 사전에 나와 있을 것이다. 여러분 생각도 같습니까?

학생들 예! 'ㅂ'보다 'ㄱ'이 먼저니까.

교사 맞아요. 다른 겹받침도 한번 생각해보세요.

정숙 아! 'ㄵ', 'ㄶ'이 있어요. 'ㄴ' 다음에 와요.

교사 그래요. 끝소리도 첫소리와 같은 순서에 따라 'ㄹ' 다음에 'ㄺ', 'ㄼ'이 나오고 정숙이 말처럼 'ㄴ' 다음에 'ㄵ', 'ㄶ'이 나옵니다.

학생이 묻고 학생이 답하게 하는 것은 훨씬 주도적인 배움이 일어나도록 만드는 전략이다. 이때 중요한 것은 교사가 아니라 학생들의 입에서 나온 의견으로 수업이 진행되고 있음을 알려주는 것이다. 교사는 의미 있는 발언을 한 학생의 이름을 그때그때 짚어주면서 그 의견이 수업에 어떤 도움을 주는지 확인해준다. 이런 과정을 통해 학생들은 자신의 발언이 수업에서 매우 가치 있는 역할을 한다는 걸 깨달아서 학습 의욕이 높아지며, 학급 전체에 발표하려는 동기 부여가 된다.

내 의견＋친구 의견 ＝ 더 큰 배움

주제에 대한 학생들의 생각을 확산적으로 일으키고자 할 때 먼저 생각할 시간을 준 다음 공책에 기록하도록 하면 다양한 생각을 얻어낼 수 있다. 그리고 서로의 발표를 들으면서 좋다고 생각하는 친구의 의견을 자신의 의견 다음에 덧붙여 쓰고 반드시 이름을 기록하도록 한다.

4학년 수학 시간, 표와 막대그래프로 나타낸 자료를 비교하여 막대그래프로 나타냈을 때의 좋은 점을 찾아보는 시간이다.

교사 공책에 '막대그래프로 나타내면 _____ (할) 수 있습니다.'
라고 써봅시다.
(각자의 의견을 공책에 기록한 후)

교사 친구들의 발표를 잘 듣고 좋다고 생각하는 의견을 두 개 골라 자기 생각 아래 적으세요. 발표한 친구 이름도 함께 씁니다.

막	대	그	래	프	로		나	타	내	면					
-	표	보	다		더		쉽	게		쓸	수	있	다	.	
-	표	보	다		더		쉽	고		간	편	하	게		구	분 할	수
있	다	.	(	정	린	)									
-	빨	리		어	느	게		더		많	은	지		알	수	있 다	. (해원

교사 소정이는 누구의 의견을 적었어요?
소정 정린이하고 해원이요.
교사 어떤 부분이 좋다고 생각하나요?
소정 막대그래프로 나타내면 빨리 어느 게 많은지 알 수 있고, 표보다 간편하게 구분할 수 있다는 것이요.
교사 소정이가 정린이하고 해원이한테서 중요한 것을 배웠네요.

소정이가 기록한 세 가지 의견은 비슷하지만 각자 나름의 가치를 지닌 생각들이다. 이런 과정을 거쳤을 때 학생들은 의식하지 못하는 사이에 교사에게 배운 것 이상으로 정교한 개념 정리가 이루어지는 것이다.

학습 의욕이 적거나 부진한 학생들은 자신의 의견을 기록하는 것에 소극적인 태도를 보이는 경우가 많다. 학생들에게 개인의 의견이 아무리 불완전하더라도 나름의 생각들이 모였을 때 더 큰 배움이 이루어진다는 것을 알려주이아 한다. 그러므로 누구나 한 가지 생각은 꼭 내어야 서로가 배울 수 있다는 공감대를 형성하는 것이 필요하다. 그리고 자신의 생각을 바탕으로 친구의 생각을 비교하며 들어야 함께 성장할 수 있다는 것을 강조해야 한다.

우수한 학생 중에서도 교사의 말이나 교과서 내용은 중요하게 여기지만, 자신이나 친구의 발언은 별로 중요하게 여기지 않는 학생이 있다. 이런 학생은 주제에 대해 자신의 생각을 기록할 때도 성의 없이 쓴다. 또한 자신의 생각에 의미를 부여하지 않기 때문에 친구의 발표 역시 목적 없이 듣게 되어 생각과 생각의 연결과 확장을 기대하기 어렵다. 교사는 수업 중 학생들의 발표에 다양한 방법으로 '저작권을 부여'하여 학생들에게 각자의 의견이 의미와 가치가 있음을 깨닫게 하고, 친구들의 발표를 통해 더 값진 배움을 얻을 수 있다는 것을 수시로 체험하도록 수업을 만들어가야 한다.

📖 놀고 있는 아이를 만들지 마라

수업이 진행되는 동안 아이들에게 학습 활동을 쉬는 공백의 순간을 만들지 않아야 한다. 속도가 빠른 아이건 속도가 느린 아이건 언제나 교사의 계획 속에는 그들을 위한 학습거리가 준비되어 있어야 할 것이다.

모든 수업에 학습의 속도 차이가 있지만 특히 수학 수업의 경우 아이들 수만큼 개인별 수준 차이가 발생한다.

"선생님~ 다 했어요."

"선생님, 모르겠어요."

"선생님, 옆 친구가 내 거 보고 해요."

수업을 시작도 하기 전에 이미 알고 있는 아이, 수업을 성실하게 끝마친 후 비로소 알게 되는 아이, 수업은 했으나 알지 못하는 아이. 이 모든 아이들이 한 교실에 앉아 있다.

교사들은 아이들마다 이처럼 수준이 다르지만 각자에게 딱 맞는 발전 문제를 매시간 제공하기란 현실적으로 불가능하다고 말한다. 그러나 TOSS˚에서는 수업 시간 모든 아이들에게 단 1초도 학습 활동을 쉬는 공백의 순간을 만들지 않는 것이 프로 교사의 수업 기술이라 하였다.

• TOSS(Teachers Organizations of Skill Sharing) 일본수업기술연구회. 검증된 수업 방법들을 모아 교육 기술 법칙화하고 교사들의 공유 재산으로 만드는 운동을 하고 있는 일본 최대의 교사 단체.

수업 시간마다 교사가 준비할 수 있는 심심풀이 선택 학습지나 심화 학습지 제공도 한계가 있다. 아이들이 자기 주도적으로 자투리 수업 시간을 활용할 만한 다양한 활동을 제시해야 한다. 기본 활동 후활발한 상호 교류 활동, 학습 내용과 관련된 놀이 활동 자료 만들기, 단원 전체에 길쳐 연속적으로 완성할 수 있는 수행형 과제, 학생들 간의 협력을 통해 해결할 수 있는 공동의 문제 등을 안내할 수 있다.

모둠 내 상호 교류 활동을 한다

다음은 고구려 시대 벽화 「수렵도」를 통해 고구려 문화의 특징을 알아보는 시간이다.

교사 이 그림에 그려진 것 다섯 가지를 찾아 써봅시다.

아이들은 각자 공책에 말, 사슴, 산, 구름, 활과 화살, 남자, 호랑이 등을 찾아 쓴다. 그런데 어떤 아이는 금방 5개를 채우는가 하면 어떤 아이는 하나를 쓰는데도 깊은 고민에 빠지기도 한다.

교사 다섯 가지를 다 쓴 사람은 공책을 머리 위로 들어주세요. 그리고 공책을 머리 위로 든 친구들끼리는 쓴 것을 바꿔 보세요. 친구가 내가 못 찾은 새로운 것을 찾았으면 옮겨 써도 좋습니다.

학생들은 각자가 쓴 것을 바꾸어 보면서 그림을 더 자세하게 관찰하고 부족한 부분을 서로 보충해준다.

학급 전체 교류 활동을 한다

수업 정리 단계에서 고구려 문화의 특징을 다음과 같이 정리한다.

교사 이 그림을 통해 우리가 알 수 있는 고구려 문화의 특징은 무엇인지 각자 한 가지씩만 써봅시다. 다 한 사람은 칠판에 나와 자기 이름을 붙이고 판서하세요.

역시 일찍 정리가 된 학생들은 먼저 쓰고 여전히 정리가 힘든 아이도 있다.

교사 판서한 사람은 자리로 돌아와 칠판에 쓰인 다른 친구의 새로운 생각을 자기 공책에 이름과 함께 옮겨 쓰세요. 생각이 잘 안 나는 친구도 칠판에 먼저 쓴 친구 것 중에 좋다고 생각되는 것을 따라 쓰세요.

주어진 과제 활동이 끝났다고 해서 가만히 다음 지시를 기다리는 아이는 드물다. 다 끝난 아이들끼리 떠들거나 아직 하고 있는 아이에게 간섭하는 경우가 많다. 앞의 사례처럼 먼저 한 아이들끼리 자신의 기록을 공개하고 교류함으로써 정보를 교환하고 소통하는 즐거움을 느낄 수 있다.

교사의 간단하고 짧은 지시에도 아이들은 제각각의 속도를 가지고 있다. 이들에 대해 일일이 대응하다 보면 수업 전체의 맥을 흐리게 되고 교사는 쉽게 피로해진다. 이와 같은 모둠 또는 학급 전체의 활발한 교류 활동을 자주 함으로써 느린 아이는 천천히, 빠른 아이는 활동적으로 각자의 모습대로 수업에 공백 없이 참여할 수 있다.

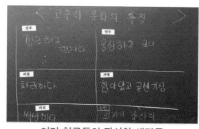
여러 친구들이 판서한 생각들

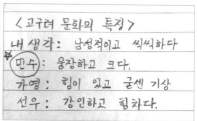
공책에 쓴 내 생각과 친구들 생각

학습 내용과 관련된 놀이 활동 자료를 만든다

수업 시간 내에 기본 활동이 먼저 끝난 아이들에게 학습 도구를 직접 만들게 할 수 있다. 예를 들어 플래시 카드는 단순 지식을 암기하는 데 효과적인 구조이다. 플래시 카드란 카드 앞면에는 문제를, 뒷면에는 정답을 적어놓은 카드를 가리킨다. 교사 혼자 카드를 만들려면 별도의 노력과 시간이 많이 필요하지만, 아이들이 만들면 학습 자료를 만드는 자체가 학습 활동이 될 수 있다. 사회과에는 반복 활동으로 기억해야 할 어려운 개념들이 많다. 학습 속도가 느린 아이들을 기다리며 플래시 카드를 만들거나 만들어놓은 카드로 함께 놀이 활동을 하면 일석이조의 효과가 생긴다.

단원 전체에 걸친 수행형 과제 활동을 한다

1학년 수학, 수와 연산 영역의 발전 활동으로 수와 관련된 이야기책 만들기 활동을 소개해본다. 한 차시분의 심화 발전 활동이 아니라 단원 전체에 해당하는 과제이다. 1-2-3-4-5-6-7-8-9에 해당하는 수와 관련된 사진을 찾아 붙이거나 직접 그려 넣는다. 더불어 '해는 세상에 하나입니다.', '할아버지께서 상추 씨앗을 3개 주셨습니다.'와 같이 이야기도 함께 쓴다. 이 활동은 기호로서의 수가 아니라 자신의 생활 속에 살아 있는 수를 만들고 상상할 수 있다. 그 상상력은 저마다 다른 결과로 나타나지만 아이들은 자신의 수준에서 수를 재미있게 표현하고 활용한다. 이 활동은 정해진 분량이 없기 때문에 어떤 아이는 숫자 5까지만 할 수도 있고 어떤 아이는 숫자 9를 넘어 계속해서 만들어낼 수도 있다.

이 사례와 같이 교사 주도형 발전 과제가 아니라 학생들이 자기 주도적으로 할 수 있는 발전 과제를 안내함으로써 어떤 아이도 수업 시간 동안 할 일 없어 노는 일이 없도록 할 수 있다. 발전 과제를 스스로 찾아서 하는 아이들은 그들대로 즐겁고, 교사 또한 그 시간에 도움이 꼭 필요한 다른 아이들에게 집중할 수 있다.

공책 빈 공간에 꽃과 나비 그리기를 한다

본시 학습과 관련된 활동을 하지 않고 아이들에게 안정감을 느끼며 집중하는 활동을 안내할 수도 있다. 저학년 아이들의 경우 그림 그리기를 좋아한다. 틈만 나면 백지에 자유 그림 그리기를 하면서 상상력을 펼치고 긴장감을 해소한다. 과제 해결이 빨리 끝난 아이들에게 다음과 같이 안내하며 공책 빈 공간에 꽃과 나비를 그리게 한다.

"잘하였습니다. 끝낸 사람은 자기 자신에게 상을 줍시다. 공책 빈 곳에 꽃과 나비를 그려 넣으세요."

일정한 모양이 정해지지 않은 변화무쌍한 자연의 모습이 아이들마다 새롭게 그려질 것이다.

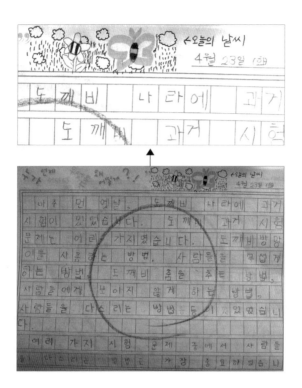

도 깨 비 | 나 라 에 | 과 거
도 깨 비 | 과 거 | 시 험

←오늘의 날씨
4월 23일 (화)

아주 먼 옛날, 도깨비 나라에 과거
시험이 있었습니다. 도깨비 과거 시험
문제는 여러 가지였습니다. 도깨비 방망
이를 사용하는 방법, 사람들을 무섭게
하는 방법, 도깨비 춤을 추는 방법,
사람들에게 보이지 않게 하는 방법,
사람들을 다스리는 방법 등이 있었습니
다.
　여러 가지 시험 문제 중에서 사람들
을 다스리는 방법이 가장 중요했습니

판단하며 듣게 하라

무엇인가에 대해 자신의 입장을 정하면 우리는 그것에 대해 관심을 가지게 된다. 수업 속에서 아이들이 선택, 판단, 평가하게 함으로써 아이들의 흩어져 있는 생각과 시선을 짧은 시간 안에 수업 속으로 끌어들일 수 있다.

　학생들이 의자에 앉아 선생님을 바라본다고 해서 수업에 참가하고 있는 것이 아님을 우리는 익히 알고 있다. 많은 선생님들이 아이들이 수업에 잘 참여하지 않고 학습 의욕이 없다며 힘들어한다. 다양한 자료와 화려한 동기 유발로 아이들을 수업 속에 끌어들이고자 하지만 시간과 노력을 투자한 만큼 기대에 비해 효과는 그리 크지 않다. 수업의 구경꾼이 아닌 참가자가 되려면 수업 속 상황들이 오롯이 자기 것이 되어야만 한다. 나와 전혀 상관없는 상황들이 어떻게 내 것이 될 수 있을까? 우리는 무엇인가에 대해 자신의 입장을 밝히고 나면 그것에 관심을 가지게 되고 비로소 다른 사람들은 어떻게 생각하는지 그 입장도 궁금해진다. 이것이 바로 구경꾼에서 참가자가 되는 것이다.

○·×로 판단하게 한다

　교사가 발문하고 학생이 손을 들면 손을 든 학생 중 한 명을 지명하여 발표하도록 하는 것이 흔히 볼 수 있는 일반적인 수업 흐름이다.

하지만 이렇게 되면 손을 들거나 발표를 한 학생 말고는 다수가 수업에서 소외된다. 이러한 수업은 선생님이 의도하지는 않았지만 순발력 있거나 똑똑한 아이들만 수업에 참가시키는 결과를 낳는다. 교사가 주도하는 이러한 수업 형태는 지양해야 한다. 그럼 어떻게 하면 좋은가? 수업 속에서 끊임없이 아이들이 선택하고 ○·×로 판단하게 한다.

다음은 6학년 국어, '주장하는 글을 통해 논설문의 짜임'에 대해 알아보는 수업이다.

교사 이 글은 몇 문단으로 되어 있나요? 각자 공책에 적어보세요.
학생들 (공책에 기록한다.)
교사 한욱이가 발표해볼까?
학생 1 6문단으로 되어 있습니다.
교사 한욱이의 의견과 같으면 ○, 다르면 × 표시해보세요.
학생들 (모두들 ○를 표시한다.)
교사 어떻게 그렇게 쉽게 빨리 찾았나요?
학생 2 각 문단마다 기호가 붙어 있어요.
학생 3 문단이 시작되는 곳은 띄어쓰기가 되어 있어요.
교사 그렇구나!(웃으며 ㉮, ㉯, ㉰, ㉱, ㉲, ㉳를 칠판에 적는다.)
학생 (공책에 따라 판서한다.)
교사 이 글은 6개의 문단으로 되어 있습니다. 6개의 문단을 2개
      의 문단으로 묶어봅시다.
학생들 세 개는 쉬운데…….
교사 나연이가 발표해볼까?
학생 4 ㉮~㉲, ㉳ 이렇게 두 개로 나누었어요.

교사 (칠판에 ㉮~㉱, ㉲를 판서하며) 나연이와 생각이 같으면 ○,
　　　 다르면 × 표시를 해보세요.

교사 × 표시한 친구들은 일어나 봅니다.

교사 동환이는 ×라고 하였는데 그럼, 어떻게 나누었나요?

학생 5 ㉮, ㉯~㉲ 로 나누었어요.

교사 (칠판에 ㉮, ㉯~㉲를 판서하며) 동환이와 같은 생각인 친구
　　　 는 앉으세요.

학생들 빙고. (자리에 앉는다.)

교사 현민이는 다른 생각이 있나 보
　　　 네요.

학생 6 네. 저는 ㉮㉲, ㉯~㉱로 나누
　　　 었어요.

교사 (칠판에 ㉮㉲, ㉯~㉱를 판서한
　　　 다.) 혹시 생각이 바뀐 친구가
　　　 있나요?

순위를 매기며 듣게 한다

　모둠에서 조사한 내용을 발표하는 시간이다. 발표를 듣고 있는 아
이들의 반응은 각양각색이다. 짝과 이야기하는 아이, 공책에 낙서하는
아이, 눈은 발표하는 친구를 향했지만 생각은 딴 곳에 있는 아이도 있
다. 물론 고개를 끄덕이며 발표에 집중하는 아이도 있지만 많지는 않
다. 이처럼 수업에서 흔히 나타나는 어려운 점은 아이들이 다른 사람
의 말을 귀담아듣지 않는다는 사실이다. 그렇지만 모든 아이들을 평

가자의 입장에 세우게 되면 상황은 달라진다.

　6학년 국어 각 모둠에서 만든 뉴스를 발표하는 시간이다. 뉴스를 시청한 뒤 각 모둠이 만든 뉴스에 순위를 매기도록 한다.

교사　여러분이 만든 뉴스를 시청하도록 하겠습니다.

교사　(칠판에 간단한 표로 평가 기준을 판서한다.) 공책에 각 모둠의 이름을 쓰고 평가 기준을 적어보세요.

학생들　(판서된 평가 기준을 보고 공책에 적는다.)

교사　발표 순서는 무작위로 발표하겠습니다.

학생들　(뉴스를 시청한 후 공책에 순위를 매긴다.)

교사　순위를 발표해볼까요?

학생 1　1모둠, 3모둠, 4모둠, 2모둠 순입니다.

교사　1모둠이 1등인데 이유를 말해봅시다.

학생 1　뉴스의 관점이 잘 드러났고 특히 화장품 가게에 직접 찾아가 전문가 인터뷰를 한 사실이 돋보였기 때문입니다.

< 각 모둠에서 만든 뉴스 평가하기 >
※ 평가 기준 ※
1. 관점이 잘 나타나 있는가?
2. 인터뷰가 적절한가?
3. 객관적인 사실을 바탕으로 했는가?

1모둠 : 95점 ─ 전문가 인터뷰 내용이 돋보였다.
　　　　└ 관점이 잘 나타났다. 초등학생들의 화장 (반대)
2모둠 : 80점 ─ 관점에 따른 인터뷰 내용이 적절하지 않다.
3모둠 : 90점 ─ 객관적인 사실을 바탕으로 하였다.
4모둠 : 85점 ─ 관점이 잘 드러났으나 인터뷰 내용이 부족하다.

점수를 주며 평가해보게 한다

평가한다는 것은 높은 수준의 사고를 요하는 활동이다. 평가 활동은 지식과 더불어 개인의 관점과 가치관이 수반되는 활동이기 때문이다. 교사는 평가하는 아이들을 보고 학습에 대한 이해도를 확인할 수 있다. 뿐만 아니라 발표하는 아이들도 자신이 평가받고 있음을 의식하면 긴장해서 발표에 정성을 다하게 된다.

6학년 수학 '가장 작은 자연수의 비로 나타내기' 시간이다. 친구들이 나와 칠판에 풀이한 내용을 보고 점수를 매기도록 한다.

교사 자, 이번에는 1.5:3/5=□:□를 해결해봅시다.

교사 각 모둠의 3번 친구는 나와서 칠판에 풀어봅시다.

학생 (공책과 칠판에 과제를 푼다.)

교사 각자 칠판에 푼 친구들에게 점수를 줘보세요.

학생 (공책에 친구 이름을 적고 점수를 적는다.)

교사 각 모둠의 1번 친구가 나와서 모둠 친구가 푼 것을 설명해봅시다.

학생 1 먼저 소수를 분수로 바꾸어 1.5가 15/10이 되었고 다음으로 각 항에 10을 곱해서 15:6이 되었습니다.

교사 그럼 몇 점인가요?

학생 1 95점입니다. 가장 작은 자연수의 비로 나타내라고 했는데 그냥 자연수의 비로만 나타냈기 때문입니다.

교사 그럼 어떻게 해야 100점이 될까요?

< 가장 작은 자연수의 비로 나타내기 >

$1.5 : \dfrac{3}{5} = \boxed{5} : \boxed{2}$

$\dfrac{15}{10} : \dfrac{3}{5} = \dfrac{15}{10} : \dfrac{6}{10} = 15 : 6 = 5 : 2$

(수린) $1.5 : \dfrac{3}{5} = 5 : 2$ (100점)

(다연) $1.5 : \dfrac{3}{5} = 5 : 2$ (100점)

(해린) $1.5 : \dfrac{3}{5} = 15 : 6$ (95점)

(민지) $1.5 : \dfrac{3}{5} = \dfrac{15}{10} : \dfrac{6}{10} = 15 : 6 = 5 : 2$ (100점)

저학년의 경우 점수 대신 ⊕에 색칠하기, ☆별 그리기를 한다.

(칠판에 판서하며) 여기 15 : 6에 각각 3을 나누어주어야 합
니다. 그러면 5 : 2가 됩니다.

판단하게 하는 수업 전략이 성공하려면

먼저 학생들이 자신의 실수를 노출하고 그에 대해 토론할 수 있으
며 자신이 왜 그렇게 생각하는지 공개적으로 이야기할 수 있는 교실
문화를 만들어야 한다. 또한 필요시 아이들이 자신의 입장을 설명하
거나 방어하도록 해야 한다. 정답이 있는 활동이 아닌 경우 처음에는
친한 친구에게 많은 점수를 주는 상황이 발생하기도 한다. 따라서 선
택과 판단에 대한 이유를 묻고, 평가 점수의 근거를 물어보는 활동이
함께 이루어져야 한다.

판단하게 하는 활동에서 교사는 ○·×를 선택한 아이의 수를 일일
이 세어야 한다. 이는 아이들과 일대일 눈 맞추기를 하기 위해서이다.
즉 아이마다 자기 생각이 있다는 사실을 높이 평가하고 아이들의 존
재와 선택을 인정한다는 교사의 메시지를 전달하기 위한 것이다. 인성
교육이 중요한 시대이다. 수업 중에 선생님과 친구 사이에 '눈 맞추기',
'활짝 웃기'를 약속하는 것은 교사와 학생의 관계를 따뜻하고 친밀하
게 만들면서 의미 있는 학습이 되게 하는 중요한 방법이다.

판단하게 하는 활동에서는 중간적 입장인 △를 두지 않고 ○나 ×
로 양자택일을 하도록 한다. 이는 무엇을 선택할 것인지 깊이 생각하
지 않고 쉽게 중간적 입장을 취해버리는 것을 방지하기 위해서이다.

판단하게 하는 작업은 아이들이 수업 속에 전원 참가할 수 있는 분

위기를 만들어주며 듣기 기술을 향상시키도록 해준다. 뿐만 아니라 학습 내용을 이해하는 데 도움을 주고 답과 상황을 함께 판단하게 함으로써 아이들이 제시한 의견에 가치를 부여하고 격려하는 효과를 낳는다. 이러한 활동은 교사가 학생들의 이해도를 확인하는 데도 효과적이며 학생의 답을 수업의 핵심 요소로 활용할 수 있어 학생 중심의 수업을 만들게 한다.

📕 앞사람의 말을 이어받아 말하게 하라

발표와 발표 간의 연계는 매우 중요하다. 앞사람의 발표에서 핵심적 내용을 요약해 언급한 후 자신의 의견을 덧붙이듯 말하게 해보자. 학생들의 듣기와 상호작용이 더욱 활발해질 수 있다.

수업은 학생과 학생, 교사와 학생 간의 끊임없는 교류와 소통의 과정으로 이루어진다. 수업 속 대화에서 다른 사람의 의견을 잘 듣고 거기에 자신의 생각을 덧붙이는 것은 토론의 기초 기능이자 배움의 중요한 도구가 된다. 협동 학습이나 토론식 수업에서 학생들은 교사의 설명보다 친구와의 상호작용 속에서 더 많은 것을 배울 수 있다. 수업 중에 친구의 의견을 잘 듣는 것만으로도 많은 것을 배울 수 있으며, 그것이 생각을 넓히는 기초가 된다는 것을 학생들에게 알려주어야 한다.

도구를 이용해 시작해보자

협동 학습에는 의사소통 기능 향상을 돕는 다양한 구조들이 있다. 그중에서 '말하기 칩'이나 '다시 말하기 여권'과 같은 발표 도구를 사용하여 '이어받아 말하기'를 훈련시킬 수 있다.

교사   누군가를 설득해본 경험이 있나요? '발표 카드'를 사용해서 모둠 친구들과 이야기 나누어봅시다. '발표 카드'를 사용할 때는 "○○는 ~~라고 했는데, 나는 ~~했어." 하는 식으로 앞사람의 말을 요약해 말하고 자신의 의견을 말하면 됩니다.

인성   (발표 카드를 내며) 엄마한테 게임기가 있으면 친구들이 우리 집에 놀러 왔을 때 재미있게 게임하며 놀 수 있을 거라고 설득했어.

소정   (발표 카드를 내며) 인성이는 게임기가 있으면 친구들과 재미있게 놀 수 있다고 설득했는데, 나는 당근을 안 먹어도 건강할 수 있다고 엄마를 설득했어.

민주   (발표 카드를 내며) 소정이는 당근을 안 먹어도 건강할 수 있다고 설득했는데, 나는 양파를 안 먹어도 다른 채소를 먹으니까 영양소가 부족하지 않다고 설득했어.

학습 주제와 관련된 경험을 나눌 때, 학생들은 앞다투어 자신이 겪은 일을 나누고 싶어 한다. 이럴 때 발표 도구를 사용하여 모둠 내에서 친구들의 이야기를 잘 듣고 덧붙여 말하게 하면 학생들은 이어 말하기를 어렵지 않게 시작할 수 있다.

짝의 의견+내 의견

발표 도구를 사용해서 이어 말하기 훈련이 어느 정도 이루어지면 학급 전체를 대상으로 이어 말하기를 시도해보자. 먼저 주제에 대해 짝과 이야기를 나눈 후, 한 사람이 일어나서 전체에게 짝의 의견에 자신의 의견을 덧붙여 발표한다.

교사　옛날과 오늘날의 가족의 모습에서 달라진 점은 무엇일까요? 2분간 짝과 이야기를 나누어보세요. 2분 후 한 사람이 짝의 의견과 자신의 의견을 요약해 말해주세요.
(2분간 짝과 이야기를 나눈 후 짝과 나눈 이야기를 발표하도록 한다.)

도현　서진이는 옛날에는 할아버지, 할머니랑 같이 살아서 가족 수가 많았는데 요즘은 엄마, 아빠랑만 살아서 가족 수가 적어졌다고 했고요, 저는 옛날에는 여자들만 집안일을 했는데, 요새는 남자들도 집안일을 같이한다고 했어요.

발표하고 싶어 하는 적극적인 학생일수록 짝의 이야기를 더 잘 듣게 되며, 이렇게 서로 듣는 과정에서 생각이 더욱 풍부해진다. 짝의 의견에 덧붙여 말하는 것이 익숙해지면 활동 범위를 모둠으로 확장시켜 모둠의 의견 중 대표적인 의견을 발표하게 할 수도 있다. 이야기 나누는 범위가 모둠으로 확장되면 앞사람의 발표를 통해 막연하거나 단편적이었던 생각에 새로운 아이디어가 확산적으로 불어나서 '생각의 꼬리 물기' 현상이 활발해진다.

이어받아 말하면 토의가 활성화된다

교사   우리가 마을 주민이라면 어디에 공원을 지으면 좋을지 의견을 나눠봅시다. 발표할 때는 앞 친구의 말을 요약해 말하고 자기 생각을 덧붙이듯 말하도록 하겠습니다.

학생 1   마을 입구에 공원을 지으면 좋겠어요. 지나가는 사람들에게 마을을 알릴 수 있어서 관광이 잘될 것 같아요.

학생 2   마을 입구에 지으면 좋다고 했는데, 저는 마을 가운데 지으면 좋겠어요. 연못을 보며 쉴 수 있으니까요.

학생 3   마을 가운데 지으면 연못을 볼 수 있다고 했는데, 저는 마을 가운데 짓는 건 똑같지만 이유는 마을회관이 가까워서 사람들이 화장실을 쓸 수 있기 때문입니다.

학생 4   마을 가운데는 마을회관이 가까워서 화장실을 쓸 수 있다고 했는데, 저는 마을회관에서 공연 같은 것도 할 수 있으니까 좋다고 생각합니다.

학생 5   마을회관에서 공연을 할 수 있다고 했는데, 마을 입구에 공연장을 만들면 더 많은 사람들이 볼 수 있습니다. 그래서 마을 입구에 공원을 짓는 것이 더 좋다고 생각합니다.

학생들은 토론에서 '이어받아 말하기'를 통해 앞사람의 의견에 덧붙여 자신의 생각을 보완하거나 확장시키고 있다. 또한 상대의 말을 잘 듣고 요약해서 말하기 위해 결과적으로 서로의 의견을 존중하는 말하기 태도가 길러진다. '이어받아 말하기'는 각자의 분리된 의견으로 대립하는 갑론을박 토론의 단계에서 나아가, 최선의 결정을 찾는 바람직한 토의에 이르도록 돕는 역할을 한다.

📖 소리 내어 읽게 하라

음독(音讀)은 책을 좋아하고 어휘를 풍부하게 하는 가장 좋은 방법이다. 어휘가 풍부해지면 공부하기를 좋아하게 되므로 음독은 각 교과의 학력을 결정하는 밑거름이 된다.

소리를 내어서 읽는 음독이 글자 단위의 읽기라면 묵독은 문장 단위, 의미 위주의 읽기이다. 묵독은 눈으로만 읽기 때문에 글을 읽는 사람의 눈동자 움직임이 빨라지면 글을 읽는 속도도 빨라진다. 또한 생각하며 읽을 수 있어서 글을 읽는 재미가 커진다. 사실 이해도나 속도, 독서량으로 본다면 음독보다는 묵독이 훨씬 낫다고 볼 수 있다.

그러나 글을 소리 내어 또박또박 읽어나가는 음독 단계를 충분히 거쳐야만 묵독하는 힘을 기를 수 있다. 또 집단적으로 같은 글을 놓고 학습하는 데에는 묵독보다 음독이 좋다고 한다.

저명한 뇌학자이자 도후쿠 대학 교수인 가와시마 류타의 연구에 따르면 게임과 계산, 묵독과 음독 중 음독할 때 뇌 전체가 가장 활성화된다고 한다. 소리 내어 읽다 보면 더듬지 않고 의미 단위로 끊어 읽을 수 있고, 결국 의미를 파악하는 능력이 생겨 독해력도 자연스럽게 향상된다. 소리 내어 읽다 보면 자연스럽게 발성 연습이 되면서 자신만의 목소리로 자연스럽게 발표할 수 있는 힘도 생긴다.

중요한 부분은 힘주어 읽게 한다

아이들이 학습 주제에 대해 정말 잘 이해했는지는 표출된 글이나 말을 통해 알 수 있다. 그러므로 중요한 부분을 힘주어 읽게 함으로써 아이들의 이해 징도를 확인할 수 있다.

6학년 각기둥의 개념을 이해하는 수업 시간, 아이들은 책을 덮어두고 교사가 나눠주는 입체도형 그림 조각을 살펴보며 공통점을 가진 것끼리 두 가지로 분류하는 활동을 한다.

입체도형들을 어떤 기준으로 나누었는지 의견을 들어보고 각기둥의 개념을 칠판에 적는다.

각기둥 : 위아래의 면이 서로 평행하고 합동인 다각형으로 이루어진 기둥 모양의 입체도형

판서된 내용을 보며 각기둥의 의미를 2~3번 소리 내어 읽는다.

교사 다 같이 소리 내어 읽어봅시다. 각기둥이란?
학생들 위아래의 면이 서로 평행하고 합동인 다각형으로 이루어진 기둥 모양의 입체도형이다.

그런 다음 중요한 부분에 힘주어 읽기를 한다. 중요한 부분은 더 큰 목소리로, 스타카토처럼 끊어 읽는 것이다.

교사 각기둥의 뜻을 설명할 때 더 중요한 표현은 무엇일까요? 각자 중요하다고 생각하는 부분에 힘주어 다시 읽어봅시다.

○○가 한번 읽어볼까요? 각기둥이란?

학생 ○○ (자신이 중요하다고 생각하는 부분을 힘주어 읽는다.) 위 아래의 면이 서로 평행하고 합동인 다각형으로 이루어진 기둥 모양의 입체도형.

교사 이번에는 □□가 읽어볼까요? 각기둥이란?

학생 □□ (자신이 중요하다고 생각하는 부분을 힘주어 읽는다.) 위 아래의 면이 서로 평행하고 합동인 다각형으로 이루어진 기둥 모양의 입체도형.

교사 ○○와 □□가 공통적으로 힘주어 읽은 부분이 어디였죠?

학생들 평행, 합동, 기둥 모양이요.

교사 맞아요. 각기둥을 설명할 때 평행과 합동, 다각형, 기둥 모양…… 입체도형이 빠지면 안 되겠지요? 다 같이 중요한 부분에 힘주어 다시 읽어보겠습니다. 각기둥이란?

학생들 (한목소리로 중요한 부분에 힘주어 읽는다.)

교사 이번에는 여학생들만 힘주어 읽어볼까요?

이렇듯 중요한 부분에 힘주어 읽기는 아이들의 학습 주제에 대한 이해 정도를 즉석에서 확인하고 피드백을 해줄 수 있어서 효과적이다. 변화 있게 여러 번 힘주어 읽기를 하는 동안 아이들은 더욱 정확하게 내용을 이해하고 표현할 수 있다. 또 교사가 되풀이하여 설명하는 것보다 훨씬 오랫동안 기억할 수 있다.

변화를 주어 여러 번 읽게 한다

예전에는 보통 음독의 중요성을 강조했는데 요즈음은 보통 저학년 때에는 큰 소리로 읽는 음독이, 고학년 때에는 소리 내지 않고 눈으로 내용을 이해하며 읽는 묵독이 효과적이라고들 한다. 한 편의 글을 읽을 때는 변화를 주어 여러 번 읽게 하는 것이 더 좋다.

첫 번째, 소리 크기에 따른 변화를 주며 읽게 한다. 즉, 학년과 제재 글의 특성에 따라 묵독, 미음독, 음독의 순으로 읽을 수도 있고 반대로 음독, 미음독, 묵독의 순서로 읽을 수도 있다.

미음독이란 자신에게만 들리는 소리로 중얼거리듯이 읽는 것으로, 손가락을 성대에 대었을 때 약간의 울림이 있는 정도의 소리 크기다.

음독의 약속

- 눈: 책과 30센티미터 정도 떨어진 채로 눈으로 읽는다.
- 귀: 친구의 소리를 들으며 읽는다.
- 입: 손가락 2~3개가 들어갈 정도로 크게 벌려, 맨 뒷사람에게 들릴 정도의 목소리 크기로 읽는다.
- 발: 두 다리에 똑같이 힘을 주고 바른 자세로 서서 읽는다.
- 손: 한 손은 책을 잡고 나머지 한 손은 책 밑에서 받친다.

두 번째, 자세에 변화를 주며 읽게 한다.

앉아서 읽을 수도 있고 서서 읽을 수도 있으며, 움직이면서 읽을 수도 있다. 다만 음독을 할 때에는 서서 읽는 것이 앉아서 읽는 것보다 훨씬 효과적이다.

세 번째, 횟수를 표시하며 읽게 한다.

제재 글의 특성이나 내용 수준에 따라 3번을 읽을 수도 있고 5번을 읽을 수도 있다. 한 번 읽을 때마다 글의 제목 옆에 동그라미를 그리게 한다.

네 번째, 인원수에 변화를 주며 읽게 한다.

한 편의 글을 전체독으로 읽을 수도 있고 개별독 또는 모둠별로 돌아가며 읽는 모둠독 등 읽는 이의 수를 달리하며 읽을 수도 있다. 또 개별독으로 읽되 한 명씩 릴레이 형식으로 읽을 수도 있다.

📖 낭독하고 암송하게 하라

국어 시간 시 수업, 수학 시간 용어 정의, 사회 시간 요점 해설, 감동을 주는 아름다운 이야기, 명언 등은 수업의 핵심이 되는 텍스트이다. 이와 같이 가치 있는 글들은 소리 높여 함께 읽어 내용을 음미하고 완전히 외어 읽는다.

낭독은 음독 중에서도 글을 소리 높여 읽는 활동이다. 언뜻 보면 단순히 입으로 '읽기'만 하는 것 같지만, 반복해서 '낭독'을 하다 보면 뇌 전체가 활성화되어 아이들의 지적 발육에 상당히 좋은 영향을 미친다. 그리하여 이해력과 암기력을 높여주는 작용을 한다.

몸 깊은 곳에서 나와 발성기관을 통해 내뱉는 '낭독'은 두뇌뿐만 아니라 몸 전체를 훈련하는 과정이다. 입과 복근을 이용해 소리를 내고 그 소리를 귀로 듣기 때문에 눈으로만 글을 읽을 때와는 달리 내장기관을 비롯한 신체의 여러 부분을 사용하게 된다. 그러므로 두뇌 활동이 활발해질 수밖에 없다.

가장 단순하면서 효과적인 학습법이다

묵독 중시, 독해 중심의 교육 흐름, 주입 암기식에 대한 거부반응 때문에 교실에서 소리 내어 함께 읽는 활동을 경시하게 되었다. 요즘 아이들은 아주 어린 시절부터 정교한 프로그램, 고도화된 서비스에 길

들여진다. 복잡하고 정교하게 짜인 교수법이 효과적이라는 환상이 있는 것 같다.

이에 비해 낭독과 암송은 가장 단순하면서 효과적인 학습법이다. 암송은 기도문을 외우고 경전을 터득하는 좋은 방법이기도 하지만, 외국어를 습득하는 데도 매우 효과적이라고 한다. 낭독을 익숙하게 잘하게 되면 아이들의 기억력도 함께 향상된다. 이런 기억력 향상 과정을 반복함으로써 학력도 증진될 수 있다. 소리 높여 읽는 활동은 특히 주의력이 부족한 아이에게 대단히 효과적이다.

낭독하면 저절로 외워진다

읽기 약속

- 눈: 판서를 눈으로 보며 읽는다.
- 귀: 친구의 소리를 들으며 읽는다.
- 입: 맨 뒷사람에게 들릴 정도의 목소리 크기로 읽는다.
- 발: 바른 자세로 서서 읽는다.
- 손: 읽은 횟수를 표시하며 읽는다.

교사는 미리 '오늘의 시'를 판서해놓는다.

교사 오늘의 시를 다 함께 소리 내어 읽어봅시다. 다양한 방법으로 10번 읽으면서 외우겠습니다.

1. 교사의 시범을 따라 한 줄씩 읽는다.
2. 남·여 번갈아 읽기

3. 짝과 번갈아 읽기

4. 시작을 달리하여 읽기(돌림노래식)

5. 한 행씩 점층적으로 읽기

(한 명→두 명→세 명→네 명→세 명→두 명→한 명)

6. 자기가 맘에 드는 구절만 자유 읽기

7. 중요 단어 1개, 2개, 3개 지우며 읽기

8. 한 행씩을 지우며 읽기

9. 한 연씩을 지우며 읽기

10. 시 전체를 지우고 눈 감고 암송하기

암송 연습

- 짝과 함께 외우기
- 선생님 앞에서 외우기
- 벽 보고 혼자 서서 외우기
- 시에 어울리는 장면 그려 넣기

외우다 정 기억이 나지 않으면 한 번 정도는 살짝 볼 수 있는 기회를 준다. 활동 초기에는 학급의 다양한 보상 제도를 활용하면 효과적일 수도 있다. 그러나 한번 암송의 즐거움을 느끼고 나면 아이들 사이에 긍정적 경쟁심이 생겨 특정 보상이 없더라도 도전하려는 의욕을 보일 것이다.

암송에 성공했을 때 내면화가 된다

낭독과 암송을 함으로써 텍스트를 완전히 자기 것으로 소화하여 내면화할 수 있다. 암송이라는 자기표현을 통해 성취감을 느끼고 이는 학습의 자신감으로 연결된다.

시를 암송하면 시에 대한 흥미를 유발하고 문학적 감수성이 풍부해져 정서를 순화하고 바른 품성을 지니게 하는 효과도 볼 수 있다.

위인들의 명언이나 고전의 한 부분을 암송하여 자신의 생활을 성찰하는 힘을 얻기도 한다. 옛날 선비들의 하루 일과는 사서삼경을 비롯한 고전을 소리 높여 읽는 것으로 시작됐다. 수천 번 읽고 또 읽어 완전히 암송한 다음, 뜻을 익혔다. 암송을 하려면 먼저 이해를 해야 하지만 반대로 뜻도 모르고 외우고 나서 나중에 그 뜻을 이해하기도 한다.

학년이 낮을수록 효과적이다

낭독을 할 때는 가급적 큰 소리로 하는 것이 좋다. 집에서는 책 읽는 소리가 방문 밖으로 들릴 정도로 크게 읽어야 한다. 작은 소리로 하다 보면 금방 묵독으로 돌아가기 쉽고 대충 읽게 되어 효과를 볼 수 없다. 큰 소리로 읽다 보면 발표력이 좋아진다. 만약 아이가 낭독을 싫어한다면 부모와 아이가 한 문장씩 번갈아가며 읽도록 한다. 대화문에서는 주인공의 목소리를 흉내 내어 읽으면 더 재미있다.

소리 높여 읽는 활동은 학년이 낮을수록 효과가 좋다. 외우는 능력은 비판적 사고가 본격적으로 발달하는 5학년 이전에 가장 뛰어나다. 4학년 이상의 아이들은 이미 묵독 속도가 음독 속도보다 훨씬 빠르므로 소리 내어 읽으려 하지 않는다.

낭독하고 암송할 교재는 잘 선별해야 한다. 교과서 읽기 책은 맞춤법이 가장 정확하고 엄선된 내용이니 좋은 글이라고 할 수 있다. 우리 말이 살아 있는 옛이야기, 동서양의 고전들, 아이가 감동적으로 읽은 책을 여러 번 반복해서 읽히는 것도 좋다.

김구 선생의 명문 「나의 소원」은 낭독과 암송을 했을 때 당시의 시대적 상황과 비장함이 더 잘 느껴진다. 인디언 추장의 편지 「우리는 모두 형제들이다」, 헬렌 켈러의 「내면의 눈으로 아름다움을 보라」도 아이들이 읽고 외우기에 훌륭한 글이다.

📖 모르면 보고 쓰게 하라

보고 쓰는 것을 흔히 '베껴 쓴다'라고 한다. 흉내 내고 따라 하고 재연하는 방식이 베껴 쓰기다. 베껴 쓰다 보면 처음에는 몰랐던 내용도 어느 순간 알게 된다.

학급에는 다양한 학습 수준을 가진 아이들이 함께 모여 공부한다. 똑똑한 아이들만 모아놓은 흔히 말하는 우등반에도 일등과 꼴찌가 있다. 잘 몰라 힘들어하는 아이에게 아무런 단서도 없이 "다시 생각해 봐."라고 하거나 교사의 눈높이에서 다시 설명해봐야 별로 도움이 되지 않는다. 특히 영어와 수학의 경우 학습 수준의 차이가 심해 수업 시간에 아예 학습을 포기해버리는 아이들도 있다. 이러한 아이들은 홀로 학습과 관련 없는 딴 행동을 하거나 주변의 친구들과 장난을 치며 학습 분위기를 엉망으로 만들기도 한다.

단위 시간 안에 어떻게 개인 간 학습의 격차를 높은 수준으로 평준화시킬 것인가라는 문제는 교사가 아닌 동료 친구들을 통해 해결이 가능하다. 모르면 짝에게 묻고 친구의 것을 보고 쓰게 하는 것이다. 친구의 설명을 듣고 그것을 그대로 다시 말해보게 하는 것도 하나의 방법이다. 아는 친구 것을 보고 그대로 쓰도록 하면 격차를 줄일 수 있다. 보고 쓰다 보면 처음에 몰랐던 내용도 차츰 깨우치게 된다.

보고 쓰기는 시간과 학습 능력의 격차를 줄여준다

수학 시간에 문제를 풀다 모르면 다 푼 친구의 공책을 보고 식, 풀이 과정, 답을 함께 베껴 쓰게 한다. 답만 보고 쓰면 안 된다. 반드시 풀이 과정을 함께 써야 함을 약속한다. 또한 보고 쓰다가 조금이라도 의문 사항이 생기면 다른 친구 것과 비교하도록 한다. 문제를 다 푼 친구는 공책을 들고 일어서게 한다. 이렇게 하면 빨리 문제를 해결한 아이들끼리 만나 서로 자신이 푼 방법을 확인할 수 있고, 잘 몰라서 어려움을 겪는 아이는 문제를 해결한 아이를 쉽게 찾아가 도움을 요청할 수 있다. 이와 같은 활동이 무리 없이 진행되려면 학기 초 아이들과 미리 베껴 쓰기 학습 방법을 약속으로 정해야 한다.

국어 글쓰기 시간에도 보고 쓰기는 유용하게 활용된다. 글을 쓸 때 참고 작품을 보면 큰 도움이 되는데 또래 친구들이 쓴 글은 아이들의 눈높이와 정서를 고려한 아주 좋은 참고 자료가 되기 때문이다.

보고 쓰는 것도 공부다

칠판은 제2의 학습장이다. 칠판에 기록한 내용들은 전체 아이들이 함께 생각을 나눌 수 있는 학습의 씨앗이며, 학습 능력이 좀 부족한 아이에게는 친구가 판서한 내용을 보고 자신의 생각을 정리할 수 있는 자료가 된다. 칠판에 적혀 있는 생각들 중 한 가지를 골라 베껴 쓰는 활동은 어떤 것을 공책에 옮겨 쓸 것인지 고르면서 아이 스스로 생각하고 판단하게끔 만든다. 또한 잘하는 아이에게는 앞에 나와 판서함으로써 기록한 내용을 한 번 더 생각해볼 수 있는 기회를 제공하고, 문제를 해결했다는 성취감과 함께 친구들에게 새로운 정보를 제공했다는 뿌듯함도 느끼게 한다.

베끼는 활동을 하다 보면 처음에 몰랐던 사실 발견하게 된다

사회 교과서에는 표, 그래프, 지도와 같은 그림 자료나 사진 자료가 많이 담겨 있다. 사회과 목표 중 하나가 표나 그래프 등의 자료를 해석하는 것인데, 이때 베껴 그리는 작업을 하면 학습에 많은 도움이 된다. 그냥 눈으로 볼 때는 미처 찾지 못했던 사실들을 발견하게 되고 눈으로 보기만 했을 때는 들지 않았던 의문도 생긴다. 이러한 활동을 한 다음에는 교사가 확인하는 작업이 이루어지면 좋다. 이는 점검하는 차원이 아니라 아이들이 열심히 한 활동에 대해 칭찬하고 격려하기 위함이다.

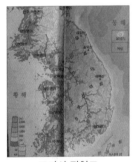

교과서 지형도   베껴 그린 지형도   알게 된 사실

물론 베끼기를 부정적인 시선으로 보는 견해도 있다. 하지만 그 안에 나의 노력과 과정이 담겨 있다면 가치가 있는 것이다. 보고 따라

쓰는 것도 좋은 학습 방법이다. 보고 쓰기를 되풀이하다 보면 어느 순간 자신도 모르게 이해를 하게 된다. 보고 쓰기의 양이 늘어날수록 아는 것도 늘어난다. 모르면 묻고 보고 쓰는 활동이 '잘못된 방법이 아니다'라는 인식을 학생들에게 심어주어야 한다. 수업 시간은 실력을 테스트하는 시간이 아니라 모르는 것을 알아가는 배움의 시간이다. 아무것도 하지 않고 가만히 있으면 변화도 없지만, 보고 쓰다 보면 깨우치게 된다. 포기하는 것보다 하려고 애쓰는 것이 더 낫지 않은가? 우리는 교사이다. 우수아에서 부진아까지 모든 아이들이 최소한의 공통 학습 요소에 이를 수 있도록 최선의 방법을 찾아야 한다.

3장

즐거운 수업으로

몸을 움직이며 배우게 하라
놀이 수업, 재미와 배움을 함께 담아라
스토리텔링으로 지식에 색을 입혀라
문제 해결의 즐거움을 선사하라
아이들에게 문제 만드는 기쁨을 주라
마음을 움직여 배우게 하라
시뮬레이션으로 경험하게 하라

몸을 움직이며 배우게 하라

손과 발을 움직이는 것은 학생들의 뇌를 자극하여 학습 효과를 높이고 공부하는 즐거움을 배가시킨다. 어렵고 딱딱한 개념일수록 몸을 움직여서 재미있고 체험적으로 익힐 수 있도록 다양한 활동을 접목해보자.

흔히 인간의 뇌를 3층으로 설명하는데 이때 1층은 생명의 뇌, 2층은 감정의 뇌, 3층은 이성의 뇌라고 한다. 가장 나중에 발달하는 이성의 뇌는 20세 이후가 되어야 완성된다고 한다. 피아제의 인지이론에서도 7~11세의 아동은 '구체적인 사물과 행위를 경험하는 것에 의해서 사고하는 단계'라고 설명한다. 이처럼 주로 감정의 뇌를 사용하고 경험적으로 배우는 어린 학생들에게 40분 동안 가만히 앉아서 듣기만 하는 인지 위주의 수업은 고역일 수밖에 없다. 따라서 한 차시 수업 내에 인지적 활동과 감각적 활동을 병행하여 학생들이 흥미를 갖고 수업에 참여할 수 있도록 조직해야 한다. 협동 학습에는 간단한 준비만으로도 몸을 움직이며 학습하도록 돕는 다양한 아이디어가 있다.

줄을 서며 순서를 익힌다

어느 교과든 순서를 익혀야 하는 제재가 나오게 마련이다. 역사적 사건처럼 시대 순으로 파악해야 하는 내용이나 수의 크기나 단위의 변환처럼 반복해서 숙달해야 하는 내용을 즐겁게 익히게 하고 싶을 때 줄 서기를 해보자.

줄 서기는 순서가 있는 주제를 공부할 때 학생들이 자신의 위치를 파악해 차례대로 서보게 하는 활동이다.

교사 여기에 여러 가지 소수가 적힌 카드가 있어요. 1, 2모둠 친구들이 나와서 한 장씩 받으세요.

(앞으로 나온 학생들에게 소수 카드를 나누어준 후)

교사 자신의 카드에 적힌 수를 확인하세요. 창문 쪽이 가장 작은 수, 복도 쪽이 가장 큰 수가 되도록 순서대로 줄을 서보세요. 서로의 카드를 볼 수는 있지만 말은 할 수 없습니다. 시작!

(학생들은 서로의 카드를 비교하며 순서대로 줄을 선다.)

교사 앉아 있는 사람들은 앞의 친구들이 순서대로 서고 있는지 눈으로 확인하세요.

줄 서기 활동을 위해서 수업 전에 역사적 사건이나 분수나 소수가 적힌 문제 카드를 만들어두어야 한다. 한 번에 줄 서기에 적합한 인원은 6~10명 정도이며 수업 중에 학생들을 해당 카드의 수만큼 나오게

하여 카드를 뽑게 한 다음, 각자 자신의 순서를 파악하여 줄을 서게 하면 된다. 문제 카드를 뽑은 학생들이 서로의 카드를 비교하여 적절한 위치에 줄을 서는 동안, 앉아 있는 학생들은 줄을 서는 학생들을 관찰하면서 순서가 맞는지 판단하는 역할을 할 수 있다.

수학에서 분수니 소수의 크기를 비교하거나 길이나 넓이의 단위 간 변환하기, 국어에서 이야기의 줄거리 파악을 위해 사건을 순서대로 나열해보기, 사회과에서 인물이나 역사적 사건을 시대 순으로 서보게 하기 등의 활동에 적용할 수 있다.

돌아다니며 다양한 정보를 교환한다

수업 중에 자리에서 일어나는 것만으로도 학생들의 감각이 환기될 수 있다. 교사의 질문에 손을 든 아이가 발표하는 순차적인 발표 형태의 수업에서는 일부 학생들만 주도적인 참여자가 되곤 한다. 이때 다수의 학생은 듣기만 하는 수동적인 입장에 머물러 수업이 양극화될 수 있으며 시간상 많은 정보를 교류하기도 어렵다. 학생들의 생각이나 정보를 많은 친구들과 즐겁게 나누도록 돕는 협동 학습의 정보 교환 구조를 활용해보자. '섞이고 짝 나누기'나 '하나 주고 하나 받기' 등을 하면 학생들은 주제에 대한 자신의 생각을 간단히 기록해서 돌아다니며 여러 번 짝을 바꾸어 이야기를 나눌 수 있다.

교사 가을이 되면 사람들의 생활 모습에 어떤 변화가 생길까요?
    생각쪽지에 한 가지씩만 기록해보세요.
    (모든 학생들이 기록이 끝나면)

교사   이제 생각쪽지를 들고 '섞이고 짝 나누기'를 해보겠어요. 한 손의 손바닥이 보이게 들고 다니다 적당한 짝을 만나면 하이파이브를 하세요. 짝을 지어 서로가 기록한 것을 이야기 나누세요. 이야기가 끝나면 다시 손을 들고 다른 짝을 만나러 갑니다. 5분간 7명 이상 만나는 것이 목표입니다. 출발!

  의견을 주고받는 과정에서 간단한 질문과 답을 할 수도 있고 서로의 의견을 평가해줄 수도 있다. 다양한 의견을 듣는 것이 목적이므로 한 명을 만나 의견을 주고받는 데 30초 정도 걸리는 간단한 내용이 적당하다. 5분 이내로 활동하면 각자 5~10명 정도의 친구와 만나 의견을 주고받을 수 있다. 활동 후 자리로 돌아와 각자 들은 정보를 바탕으로 모둠 친구들과 더 발전된 생각을 나누며 보고서를 만들 수도 있다.

  이러한 정보 교환 활동은 학생들을 모두 발표 주체로 만들고 다양한 생각을 즐겁게 교류할 수 있어 수업을 생기 있게 해준다.

온몸으로 개념을 체득한다

어린 학생일수록 추상적인 개념은 구체적인 경험을 통해 이해하도록 하는 과정이 필요하다. 예를 들어 '자전이나 공전'과 같은 과학적 현상을 학습할 때 학생들은 일반적으로 교과서의 그림이나 교사가 준비한 동영상을 통해 그 개념을 접하게 된다. 그런데 대부분의 학생들에게 평면적인 그림에서 입체적인 공간감각을 떠올리는 것은 쉽지 않은 일이다. 동영상 역시 잠깐의 시청각적 흥미 유발에 그칠 뿐 현실감 있게 학생들의 경험 세계에 와 닿기에는 괴리감이 있다. 이런 식으로 불완전한 개념 습득을 하다 보면 학생들은 과학적 현상이나 사실을 이해하기 어려운 암기의 영역이라고 인식할 수도 있다. 수학에서 넓이나 거리, 부피와 같은 개념도 마찬가지다. 학생들에게 cm나 m, m^2, kg 등의 개념은 경험적으로 이해하기 쉽지만 km나 a, ha, t(톤)은 막연하고 추상적인 교과서 속 개념일 뿐이다.

　과학이나 수학의 추상적 개념을 모양이나 형태로 표현할 수 있도록 장을 마련하여 학생들이 직접 몸으로 체험하게 하자.

교사　가로 세로가 10m인 사각형의 넓이는 얼마입니까?

학생들　$100m^2$입니다.

교사　맞아요. $100m^2$를 다른 단위로 1a라고 합니다. 지난 시간에 $1m^2$의 넓이를 모둠별로 그려보았는데 혹시 1a도 그릴 수 있을까요?

학생들　안 돼요. 너무 커요. 운동장에 나가야 그릴 수 있어요.

교사　그래요? 그럼 운동장에 나가서 한번 그려볼까요?

학생들　예.

교사　그럼 운동장에서 어떤 방법으로 1a 넓이의 사각형을 그릴 수 있을지 모둠 친구들과 5분간 의논해보세요. 준비물은 뭐가 필요한지도 생각해보세요.

　먼저 주제에 대해 그룹별로 어떻게 모양을 만들지 학생들끼리 의논하며 계획을 세워야 한다. 수행해야 할 미션이 있기 때문에 논의 과정에서 서로 질문하고 토론하는 가운데 주제에 대해 깊이 있는 이해와 배움이 활발히 일어난다. 교사는 학생들이 질문을 할 때만 대답해주고 스스로 방법을 찾아갈 수 있도록 격려해준다. 또한 실제 모양을 만드는 과정에 오류와 실패를 겪더라도 정답을 제시하지 말고 다시 한번 학생들끼리 논의하여 해결책을 찾아가도록 격려하고 안내하는 역할을 해야 한다. 모양이 다소 불완전하더라도 시행착오를 거치면서 학생들은 교과서를 통해서는 배울 수 없는 값진 배움을 얻을 수 있다.

놀이 수업, 재미와 배움을 함께 담아라

수업 중 놀이로 익히는 활동 과정은 수업 내용에 대한 친숙함과 활용도를 높인다.
놀이 수업을 하다 보면 아이들 분위기에 휩쓸려 방향을 잃을 수도 있다. 재미와
경쟁을 허용하면서도 학습의 본질을 놓치지 않도록 각별히 주의해야 한다.

사회 수업, 스피드 퀴즈로 단원 정리를 하는 시간에 흔한 광경을 옮
겨본다.

"일본이 조선을 쳐들어왔는데…… 어, 어, 임신하고 비슷한 말
이야. 뭐게?"
"음…… 임진왜란?"
"응, 맞아!"

교과 지식을 활용한 접근이 아니라 언어유희에 집착하여 재미만 있
고 내용은 잃는 웃지 못할 장면이다. 아이들은 게임에서 이기려는 승
부욕에 빠져서 정답을 맞히려고 여러 가지 편법을 동원한다. 이 경우
처럼 역사 문제를 올바른 용어를 사용해 설명하는 것이 아니라 엉뚱
한 말장난 설명으로 경쟁적인 점수 따기에만 열을 올리는 것이다. 화
려한 놀이 교구나 보상에 혹하여 서로 차지하려고 싸울 때는 정말 난
감하다.

즐겁게 웃으며 와자지껄 수업을 마쳤는데 놀이를 통해 정작 뭘 배웠

는지 내용을 알지 못한다면 그것은 수업 시간이 아니라 놀이 시간일 뿐이다.

놀이나 게임을 수업에 들일 때는 다음과 같은 원칙을 지켜야 한다.

놀이의 규칙은 간단할수록 좋다

아이들은 새로운 것에 흥분하기도 하지만 놀이가 교과 지식과 연결될 때에는 놀이 방법이나 도구가 익숙한 것을 선택한다. 교과 지식도 어려운데 놀이 규칙까지 장황해서는 놀이가 흥미를 유발하지 못한다. 교사의 욕심으로 만든 복잡한 놀이 규칙을 설명하느라 시간을 다 보내는 경우도 있다. 아이들이 놀이의 형식에 매인다면 학습의 중요 포인트를 놓칠 수도 있다. 복잡한 놀이 규칙을 이해해야 하는 부담은 흥미와 참여도도 떨어뜨린다.

1학년 수학 홀수 짝수 수업 장면이다.

수셈판과 바둑돌 10개를 준비하고 짝과 함께 홀짝 맞히기 게임을 한다.

교사 가위바위보로 먼저 할 사람을 정합니다.
이긴 사람이 먼저 한 손에 바둑돌을 원하는 대로 쥐고 짝에게 내밉니다.
그러면 상대 짝은 그 수가 홀수인지 짝수인지 알아맞힙니다.
만약 홀수를 알아맞혔으면 수셈판 1알을 가져가고 짝수를 알아맞혔으면 2알을 가져갑니다. 먼저 수셈판을 다 옮기면 이기는 게임입니다.

이 수업은 단순히 홀짝 게임을 하면서 끊임없이 홀수 짝수를 셀 수 있고 또한 홀수일 때는 홀수만큼 획득하고 짝수일 때는 짝수만큼 획득하는 간단한 활동이다.

아이들은 손 안에 바둑돌을 몰래 숨겨 쥘 때마다 긴장감을 느낀다. 게임에서 이기려면 운도 따라주어야 하니까 수학적 실력만 있어서도 안 된다. 그리고 각자 눈앞에 수셈판이 점수판으로 바로 보이기 때문에 승패 확인이 분명하다는 점도 아이들을 즐겁게 한다.

한 손 쥔 바둑알 수 알아맞히기

펼쳐서 홀수 짝수 확인하기

익숙한 놀이 방법을 활용한다

누구나 반복은 지겨워한다. 하지만 모두가 아는 놀이로 포장한다면 아이들은 승패에 따라 할 때마다 새롭게 도전할 수 있다. 똑같은 활동도 상대가 바뀐다면 할 때마다 새로운 발견의 기쁨을 느낄 수 있다. 기본에 충실한 학습 내용을 담은 간단한 놀이를 만들어 파트너만 바꿔서 계속할 수도 있다. 수학 시간에 했던 놀이를 사회 시간에 내용을 바꾸어 또 할 수도 있다. 아이들은 새로운 것에 열광하기도 하지만 익숙한 것을 반복하기도 좋아한다. 부진한 아이들, 저학년의 경우 더욱 더 그렇다.

예를 들어 아이들이 흔히 하는 할리 갈리 카드놀이 방법을 활용하여 여러 가지 놀이 수업을 할 수 있다. 이 게임은 6세 이상이면 규칙을 이해할 수 있고 2명에서 7명까지 다양한 인원이 함께 놀이에 참가할 수 있다.

1학년 국어 한글 자음 알기 수업 장면이다.

1. 낱말 카드를 똑같이 나눠 가진다.
2. 카드가 종을 향하도록 내려놓는다.
3. 순서를 정하여 카드를 오픈한다(상대방 쪽으로 오픈한다).
4. 같은 자음이 들어가는 낱말이 5개가 모이면 아무나 종을 친다.
(가방, 가지, 고래, 개나리, 강아지는 모두 'ㄱ'이 들어 있으므로 종을 칠 수 있다.)
5. 먼저 종을 친 사람이 펼쳐진 카드를 모두 갖는다.
*잘못 칠 경우에는 상대방에게 1장씩 주게 된다.
6. 결국 카드가 많은 사람이 승~!

그 외에도 4학년 수학 시간 '큰 수' 공부를 할 때는 블루마블게임의 고액지폐를 활용하여 수학 놀이 수업을 할 수 있다.

생활 주변에서 쉽게 찾은 놀이 도구를 사용한다

아이들은 특별한 장난감이 없어도 흔한 생활 도구를 가지고 즐겁게 놀기도 한다. 상품화된 장난감은 정해진 한 가지 규칙으로만 작동하지만 아이들이 찾은 놀이 도구는 상황에 따라 규칙을 만들고 합의하여 바꿀 수도 있다. 아이들의 눈으로 살펴보면 놀이의 도구나 소재는 사방에 널려 있다. 계란 판으로 수 가르기 모으기, 뺄셈, 덧셈 놀이도 할 수 있다. 아이스크림콘으로 원뿔을 공부할 수도 있다. 생활 속에서 익히는 공부는 두 발로 직접 산을 오르는 것처럼 실감을 준다. 그리고 수업이 끝나더라도 쉬는 시간에 친구와 함께 또는 집에서 가족들과 다시 해볼 수 있는 경험을 제공함으로써 일상 속에서 하는 복습의 효과도 있다.

다음은 1학년 수학 50까지의 수 세기 놀이 장면이다.

교사 지금까지 우리는 1부터 50까지의 수를 배웠습니다. 수를 셀 때 쉽게 셀 수 있는 방법은 무엇이었나요?

학생 1 10개씩 묶어서 셉니다. 그러면 묶음과 낱개로 쉽게 알 수 있어요.

학생 2 두 개씩 2, 4, 6, 8, 10으로 세면 빨리 셀 수 있어요.

교사 우리 교실에 있는 물건들을 세어보고 무엇이 가장 많은지 찾는 놀이를 해보겠습니다. 짝과 함께 잘 세어보고 가장 많은 물건을 찾아보세요.

교사는 다양한 물건들을 담아놓고 아이들에게 세어보게 한다. 실제로는 모든 물건의 개수를 47개로 똑같이 맞춰놓는다. 아이들은 더 많은 물건이 있을 거라 생각하고 정답을 찾기 위해 계속해서 도전한다. 아이들은 열 개씩 묶어 세는 활동을 반복하고 있음에도 공부한다는 생각은 잊어버린 채 친구들보다 먼저 답을 찾으려고 수 세기에 몰입한다.

수 세기에 활용할 수 있는 생활 도구는 다음과 같다. 이때 아이들이 사용하는 도구는 교실에서 흔하게 보아왔던 것들이지만 수학 놀이 시간에 자료로 활용함으로써 수 모형 이상의 수학 자료로 훌륭하게 재탄생한다. 그리고 물건마다 모양과 특성에 맞게 다양한 방법으로 묶어가며 수 세기를 할 수 있다.

바둑알: 흰색, 검정색 번갈아 센다.	공기놀이: 색깔별로 10개씩 잡아가며 센다.	고무찰흙: 포장된 10개 묶음씩 길이를 맞추며 센다.
링: 손가락에 반지처럼 10개씩 걸며 할 수 있다.	산가지: 색깔별로 10개씩 고무줄로 묶어 센다.	쌓기나무: 위로 또는 옆으로 쌓아가며 셀 수 있다.
단추: 두 개씩 모아가며 센다.	자석: 10개씩 붙여가며 센다.	종이컵: 10개씩 포개어가며 센다.
나무젓가락: 두 개씩 잡아가며 센다.	클립: 10개씩 연결하여 센다.	놀이카드: 실제 게임한다는 생각으로 즐겁게 센다.

쌓기나무 세기   단추 10개씩 묶어 세기   손가락에 끼워 링 세기

게임 도구가 너무 화려하지 않아야 한다

아이들은 시각적 자극이나 청각적 자극에 매우 민감하다. 즐거운 표정으로 활동하는 것처럼 보이지만 캐릭터나 모양의 매력에 빠져 그것 때문에 놀고 있지는 않은지 잘 살펴보아야 한다. 공개 수업 등에서 처음 등장하는 화려하고 신기한 자료들에 매료되어 수업 내용이 아닌 엉뚱한 곳에 집착하는 경우가 적지 않다.

📖 스토리텔링으로 지식에 색을 입혀라

책 속에만 갇힌 건조한 상태의 지식에 아이들은 눈길을 주지 않는다. 스토리텔링은 평면적인 지식에 입체감을 부여하여 학생들이 재미있게 배울 수 있도록 도와주는 효과적인 전략이다.

공부를 좋아하지 않는 아이들도 이야기가 나오면 눈을 반짝이며 듣는다. 지식은 이야기의 형식을 갖추어 전달될 때 학습자에게 의미 있게 다가서기 때문이다. 스토리텔링storytelling은 학생들의 삶과 동떨어진 것처럼 보이는 지식에 생기와 맥락을 부여하여 이를 아이들의 삶과 흥미진진하게 연결시켜준다.

그런데 지금까지 교육에서 스토리텔링은 동화나 우화story를 실감나게 들려주는telling 활동으로 국한하여 이해되거나, 널리 알려진 이야기에 가르치고자 하는 교과 지식을 결부시켜 흥미를 유발하는 도구정도로 인식되어온 경향이 있다. 때문에 스토리텔링을 잘하려면 동화구연을 배워야 한다고 생각하거나, 스토리텔링과 수업의 주요 활동이 자연스럽게 연결되지 못하고 잠깐의 흥미 유발에 그치고 마는 단절의 문제가 발생하곤 했다.

그러나 넓은 의미에서 스토리텔링은 "전하고자 하는 메시지에 배경, 인물, 갈등 상황을 적절히 구성하여 화자와 청자가 현장에서 이야기를 공유하면서 자신들의 언어로 생동감 있게 표현하는 활동"이라고 정의할 수 있다. 이런 형태의 스토리텔링 수업에서 교사는 완결된 형태의 스토리를 제시하여 수업을 이끌어가야 한다는 부담을 가질 필요가 없다. 오히려 스토리의 일부만을 제시하고 주도권을 학생들에게 넘겨 즉석에서 활발한 대화와 상호작용을 통해 스토리를 만들어나가면 훨씬 재미있고 창의적인 수업이 될 것이다.

도구에서 시작하여 이야기를 상상한다

일상에서 볼 수 있는 간단한 도구 한두 가지로도 수업에 스토리텔링을 도입할 수 있다. 예를 들어, 아침 식탁에 오른 밥에서 시작해 논에서 일하는 농부에 이르는 생산과 소비의 과정을 스토리로 연결시킬 수 있다. 이처럼 추상적인 사회과 개념을 학습할 때 구체적인 도구를 활용하여 이야기를 상상하게 해보자.

사회과 '분업의 필요성'을 알아보는 수업의 일부이다. 교사는 분업을 하면 좋은 점을 학생들이 발견하도록 하려고 몇 가지 도구를 보여주며 학생들에게 분업 현장을 떠올려보게 한다.

교사 (페인트 붓, 망치, 흙손을 보여주며) 이것을 같은 장소에서 가져왔는데 어떤 일을 하는 현장인지 알겠어요?

학생들 공사장, 집 짓는 곳, 건설 현장.

교사 맞아요. 집을 짓는 건설 현장에서 가져왔어요. 그런데 이 도구들은 한 사람이 사용하는 것일까요, 아닐까요? 짝과 함께 이야기 나눠보세요.

학생들은 대부분 세 가지 도구를 각각 다른 사람이 사용하는 것일

거라고 추측하였다. 각각의 도구를 사용해서 하는 일에 대해 이야기를 나눈 후 다음과 같이 물었다.

교사 그런데 이상하죠? 이렇게 일을 나누어 하려면 사람도 많이 필요하고 번거로울 것 같지요? 그런데도 한 사람이 다 하지 않고 여럿이 나누어 하는 까닭이 무엇일까요? 각자 1분간 생각해보고 나서 모둠 친구들과 의논해보세요.
(모둠 친구들과 이야기를 나눈 후 그 내용을 정리해서 발표하도록 했다.)

학생 1 옛날에는 혼자서 하거나 가족들이 집을 지었기 때문에 한 사람이 벽도 쌓고 못도 박고 다 했어요. 그런데 어느 날 보니까 어떤 사람은 벽돌을 잘 쌓고 또 어떤 사람은 나무를 잘 잘랐어요. 그래서 같이 집을 짓자고 했고…….
(이하 생략)

몇 가지 도구를 매개로 하여 분업이 일어나고 있는 현장을 학생들이 떠올려보게 하였다. '분업의 효율성'이라는 고형화된 지식에 학생들이 쉽게 접근할 수 있도록 하려고 도구를 매개로 '집 짓는 현장'의 스토리를 상상해보게 한 것이다. 이처럼 인물, 사건, 배경이 제대로 갖추어지지 않아도 지식에 맥락과 현장성을 부여하는 간단한 이야기 요소를 활용하는 것만으로도 생동감 있는 스토리텔링 수업이 될 수 있다.

스토리가 더해질수록 개념이 더해진다

학생들은 분수와 소수 같은 일상의 경험을 넘어서는 추상적인 수의 영역을 어려워한다. 예를 들어, 학생들은 '40÷1/2=80'과 같은 분수의 나눗셈의 개념을 잘 이해하지 못한다. 분수 자체가 전체를 부분으로 나눈 것인데 그것을 다시 나누기한다니 생각만 해도 머리가 복잡한 노릇이다. 심지어 우수한 학생조차 '40에서 어떻게 1/2을 나눈다는 거지?'라고 생각하면서도 기계적으로 알고리즘을 익혀 계산하고 만다. 그런데 상당수의 학생들은 '40÷1/2'과 '40÷2'가 어떻게 다른지 설명하지 못하지만 '40÷2=20'이라는 상황은 쉽게 이해한다. '아! 40개를 2개씩 나누어 갖는 것이로구나.'처럼 말이다.

다음은 리나 자스키스, 피터 릴제달이 제안한 스토리를 각색한 것으로 '40÷4=10'이라는 자연수의 나눗셈에서 시작하여 '40÷1/2=80'과 같은 분수의 나눗셈으로 자연스럽게 연결시켜서 학생들이 분수의

교사가 들려줄 이야기	학생들과 식 세우기
재단사는 축제 의상을 만들어야 하는 주문을 받아 40마의 원단을 준비했다. 그는 각 의상을 만드는 데 4마가 필요하다고 결정했다. 몇 개의 의상을 만들 수 있을까?	$40 \div 4 = 10$
그런데 재단사가 원단을 막 자르려 할 때, 주문을 바꾸겠다는 전화가 왔다. 이제 재단사는 축제 의상 대신에 드레스를 만들게 되었고 각 드레스는 2마의 원단이 필요했다.	$40 \div 2 = 20$
그런데 주문이 또 바뀌어 드레스가 아니라 치마였고 각각의 치마는 1마의 원단이 필요했다.	$40 \div 1 = 40$
다시 전화가 와서 치마가 아니라 스카프로 주문이 바뀌었고 각 스카프는 1마의 반(1/2)만큼의 원단이 필요했다. 얼마나 많은 스카프를 만들 수 있을까?	$40 \div 1/2 = 80$
만약 주문한 물건이 스카프가 아니라 손수건이라면……	$40 \div 1/4 = 160$

나눗셈 개념을 이해하기 쉽도록 도와주는 스토리텔링이다. 교사는 학생들과 함께 이야기의 진행에 따라 한 단계씩 문제를 해결해가며 자연스럽게 분수의 개념을 설명할 수 있게 된다.

수학과 개정 교육과정에서는 학생들의 창의성과 문제 해결력을 높여주는 전략으로 스토리텔링을 적극 도입했다. 한 단원 전체를 아우르는 스토리부터 차시의 주요 개념을 다루는 단편적인 스토리까지 교과서에는 스토리가 넘쳐난다. 하지만 수업을 하다 보면 이야기를 좋아하는 아이들의 추임새 덕분에 자칫 흥미 위주의 스토리텔링에만 치우쳐 정작 중요한 개념을 소홀히 하게 된다. 재미있고 복잡한 줄거리를 가진 스토리보다는 단순한 패턴이 반복되면서 주요 개념이 심화되어가는 소박한 스토리가 수업에는 유익하게 활용될 수 있다. 스토리가 굳이 화려하지 않더라도 실생활과 맞닿아 있는 수학적 상황이 오히려 아이들에게는 더 흥미로운 도전 과제가 될 수 있음을 기억하자.

스토리는 우리 삶이다

책이 아닌 스토리텔링의 매력은 학생들과 만나는 순간 다양하고 창의적인 색깔로 변화한다는 점이다. '이렇게 하면 어떨까, 저렇게 하면?' 하는 이야기가 오가면서 교실은 흥미진진한 문제 해결의 장으로 바뀐다. 이런 과정에서 아이들은 배우는 지식이 자신의 삶과 어떤 관련이 있는지 깨달아 또 다른 상황에 적용하고 연결 지을 수 있는 생생한 배움의 경험을 할 수 있다.

학생들과 함께 스토리를 만들어가는 수업에서 교사는 학생들의 이야기에 귀를 기울여야 한다. 목소리는 작지만 표정으로 말하는 아이,

수학은 못하지만 상상력이 풍부한 아이의 작은 표현에서 멋진 이야기의 실마리를 끄집어낼 수 있다.

또한 교사는 학생들의 수준과 흥미, 그리고 그들의 삶에 대한 탐색에 관심을 기울여야 한다. 교재에서 다루는 핵심 개념이 무엇이며 그것이 학생들의 삶에 어떤 가치가 있는지 고민하고 연구하는 노력이 필요하다. 왜냐하면 학생들의 흥미와 수준에 맞는 스토리도 제한되어 있을뿐더러 교과서에 제시된 많은 양의 문제를 다 스토리텔링으로 다룰 만한 시간도 부족하기 때문이다. 따라서 교육과정의 핵심 성취 기준을 중심으로 한 재구성은 스토리텔링 수업의 안정적인 기반이 됨을 기억해야 한다.

스토리는 우리 삶 자체이며 지식은 삶에서 얻은 가치 있는 자원이다. 따라서 삶의 스펙트럼이 넓어 경험과 지혜가 풍부한 교사는 자연히 이야깃거리가 많을 것이다. 평소 다양한 분야의 책을 읽거나 여행이나 체험을 통해 견문을 넓히는 것은 이야깃거리를 늘리는 좋은 방법이다. 무엇보다 교재에 대한 견고한 이해와 풍부한 경험을 바탕으로 밋밋한 지식에 색을 입혀 수업을 입체적으로 만드는 스토리텔링의 매력에 교사가 먼저 빠져볼 일이다.

📖 문제 해결의 즐거움을 선사하라

아이들에게 긴장감과 따분함을 주는 문제 해결을 인간의 본성에 맞추어 놀이처럼 해보자. 그러면 문제 해결의 부담도 줄이고 즐거운 마음으로 자연스럽게 학습할 수 있을 것이다.

아는 노릇은 좋아하는 노릇만 못하고, 좋아하는 노릇은 즐기는 노릇만 못하다 知之者 不如好之者, 好之者 不如樂之者.

『논어』에 나오는 공자 말씀을 현대적으로 바꾸면 "천재는 노력하는 사람을 이길 수 없고, 노력하는 사람은 즐기는 사람을 이길 수 없다."라고 할 수 있다. 그만큼 즐겁게 하는 것이 중요하다는 뜻이다.

수업을 통해 문제 해결의 즐거움을 느낄 수 있다면 그것은 단순히 지식 자체를 습득하는 것으로 끝나지 않고 학습에 대한 흥미와 호기심, 집중력을 길러주고 자신감과 창의적 사고력 또한 향상될 것이다.

자신의 수준에 맞는 문제를 찾아 즐겁게 푼다

우리 어릴 적 소풍의 하이라이트는 보물찾기였다. 선생님께서 몰래 숨겨놓은 보물을 찾기 위해 돌멩이를 들추고 풀숲을 헤치며 뛰어다녔던 추억은 지금 생각해도 절로 웃음을 짓게 된다. 이러한 보물찾기를 수업에 활용할 수 있다.

보물찾기는 교실 곳곳에 숨겨진 카드를 찾아서 카드에 적힌 문제를 해결하는 것이다. 문제 해결의 즐거움을 통해 수학의 즐거움을 느끼게 하려는 것이므로 교사는 보물카드를 화분 위, 게시판 작품 뒤 등 눈만 크게 뜨면 잘 보이는 교실 곳곳에 숨긴다. 찾기 어려운 장소라는 생각이 드는 곳에는 보물카드의 끝이 살짝 보이게 숨겨두기도 한다.

6학년 원기둥의 겉넓이와 부피 구하는 방법을 이해하고 주어진 원기둥의 겉넓이와 부피를 구해보는 수업 상황이다. 오늘 공부를 잘했는지 알아보는 학습 정리 단계에서 학생들은 보물찾기를 한다. 보물찾기는 교과에 맞게 문제 내용만 바꾼다면 어느 교과에도 활용할 수 있다.

보물찾기 규칙

1. 카드의 별 표시 개수(난이도)를 보고 자기 수준에 맞는 문제를 선택할 수 있다.
2. 자신이 찾은 카드의 문제가 어렵게 느껴지면 그 카드는 제자리에 꽂아둘 수 있다.
3. 문제를 풀었는데 틀리면 다시 풀기를 해서 검사받을 수 있다.

보물카드가 숨겨진 모습

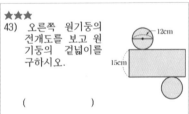

보물카드의 내용 예시

짝과 함께 문제를 풀며 문제 해결의 부담을 줄인다

학생들은 혼자 학습지를 해결하는 것은 일반적인 평가로 느끼기 때문에 많이 부담스러워한다. 이와 달리 짝빙고는 둘씩 짝을 지어 서로 문제를 해결 및 점검하며 한 장의 학습지를 풀기 때문에 평가라기보다는 놀이처럼 인식하게 된다. 짝빙고는 짝이 푸는 문제를 자신도 풀어보며 즉각적인 피드백, 칭찬, 격려를 해주는 것이 일반적인 빙고와 구별되는 특징이다.

짝빙고 방법

1. 가위바위보에서 이긴 사람은 제일 쉬워 보이는 문제나 빙고에 유리한 문제를 고른다.
2. 이긴 사람은 고른 문제를 해결하고 진 사람 역시 같은 문제를 풀어보며 짝이 맞게 풀었는지 여부를 확인한다.
3. 답을 맞혔으면 자기 영역 표시를 한다. 이때 짝과 답이 다르면 선생님께 와서 확인하고 정답을 맞힌 사람의 영역 표시를 한다.
4. 제한한 시간까지 빙고를 많이 만든 사람이 이긴 것이다.

짝빙고를 하고 있는 모습   짝빙고 학습지

모두가 즐겁게 학습할 기회를 제공한다

아이들은 물론 모든 인간은 손, 발 등 온몸을 움직이면서 생활한다. 또 혼자가 아니라 함께할 때 두려움과 부담감은 절반으로 줄어든다. 그것이 인간의 본성이다. 수업에서도 이것은 활용되어야 한다. 가만히 앉아서 교사의 설명을 듣기만 하는 게 아니라 아이들이 몸을 움직이거나 친구의 즉각적인 반응을 보며 문제를 해결하는 수업이어야 한다. 또 모두가 수업에 참여하여 수업의 주체가 되는 경험을 맛보아야 한다.

이런 측면에서 볼 때 보물찾기와 짝빙고 놀이는 즐겁게 문제를 해결하는 동안 자연스럽게 학습이 이루어지고, 모두가 문제를 풀게 되므로 수업 참여도가 높아진다. 이러한 과정을 통해 아이들은 학업 성취를 이루어내고 자긍심도 높아질 것이다.

📖 아이들에게 문제 만드는 기쁨을 주라

문제를 만들려고 교재를 다시 한 번 읽는다. 자신이 만든 문제의 내용은 여러 친구와 나누는 사이 오롯이 자기 것이 된다. 그리고 교사는 아이들이 만든 문제를 통해 아이들의 이해 수준을 파악할 수 있다.

수업을 마치고, 교실을 한 바퀴 돌면 어느새 바닥에 뒹구는 학습지들 "나에겐 의미 없다."

선생님이 단원의 핵심적 개념 이해 및 암기를 위해 만든 단원 정리용 학습지나 문제지, 그건 선생님이 읽어낸 중요 개념일 뿐이다. 아이들에게는 그저 교과서와 별 차이 없는, 자신과는 상관없는 내용일 뿐이다. 그런데 아이들 스스로 문제를 만들어보라고 하면 전혀 다른 자세로 교재를 읽기 시작한다. 단원에서 무엇이 중요한지 적극적으로 판단하며 교재를 재차 읽고 문제를 만들어낸다. 그리고 친구들이 만든 문제를 번갈아 푸는 활동을 하며 재미있게 복습한다.

아이 자신의 눈으로 교재를 의미 있게 읽어낸다

5학년 사회과 한 단원을 마친 후 복습하기 위해 모둠별로 문제를 출제할 범위를 정해준다. 그전에는 대충 넘겨버린 교과서 제재를 다시 꼼꼼히 읽는다. 교과서의 밑줄, 공책 필기 내용도 다시 살핀다. 친구들이나 선생님에게 좋은 문제로 인정받기 위해서는 가능한 한 핵심이 되는 요소를 추출해야 하기 때문이다.

재미있게 활동하며 배운다

문제 내는 형식은 단답형, 참 거짓 구별형, 빈칸 채우기, 다답형 등 여러 예를 보여주는 것이 좋다. 아이들이 문제를 내게 하는 방법은 협동 학습 구조에서 더 참고할 수 있다. 하얀 거짓말 구조, 모둠별로 문제 보내기, 문제 던지기, 플래시 카드 게임, 동심원 등 문제의 제작 및 활용 방법은 얼마든지 다양하게 할 수 있다.

아이들은 문제가 자신들의 눈높이에 맞고, 시험처럼 혼자 씨름하지 않고 친구랑 활동하며 공부할 수 있으므로 재미있어한다. 그런데 친구가 낸 문제의 정답을 제대로 맞히지 못했을 때 자존심이 상하거나 화가 난다는 아이가 많다. 선생님이 출제한 문제의 정답을 맞히지 못했을 때는 경험할 수 없었던 지적 경쟁심이 더해진 감정이다.

문제 만든 아이는 그 내용을 확실히 공부하게 된다

우리 반에서 자주 사용하는 방법은 모둠별로 범위를 다르게 정하고, 개인별로 네 수준의 문제를 만들어, 자기가 속하지 않은 다섯 모둠의 친구 한 명씩을 만나 서로 문제를 풀어보는 것이다. 이때 자신이 만든 문제를 다른 친구들에게 풀게 하는 활동을 하지만 정작 그 문제에서 다룬 내용을 여러 번 복습하는 사람은 문제를 만든 본인이다. 그 아이가 만든 문제는 그 단원에서 스스로에게 가장 깊게 내면화되는 개념이 된다.

아이들이 교재를 어떻게 이해했는지 알 수 있다

아이들이 만든 문제를 살펴보면 책 이름, 정부 기관 명칭, 과학적 기구, 숫자에 관련된 것이 많다. 어떠한 정책이나 배경에서 그러한 결과가 만들어졌는지 중요한 사건이 끼친 영향, 의의에 대해서는 아이들이 주목하고 있지 못함을 드러낸다. 이는 교사가 되짚어주어야 할 부분이다.

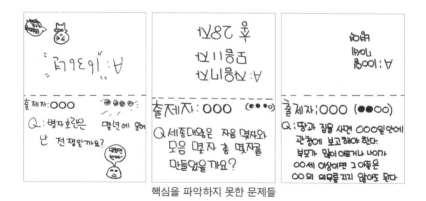

핵심을 파악하지 못한 문제들

둘이서 문제 풀기 활동을 마친 후 아이들이 낸 문제를 모둠별로(소주제가 같은) 게시판에 붙이게 하고 다음 사회 시간에 그 문제들로 골든 벨을 할 것이라고 예고한다. 학생들은 쉬는 시간이나 점심시간에 틈틈이 문제를 풀어보고, 익힌다. 예고한 시간이 되면 교사는 그 단원의 핵심을 잘 골라낸 아이의 문제를 실물화상기에 비추어 학급 전체가 골든 벨 형식으로 풀어보게 한다. 개인적으로 맞혀보게 할 수도 있고 모둠별로 해도 의미가 있다. 골든 벨 문제로 선택된 아이들은 출제 능력을 인정받았다고 생각하여 기뻐한다. 선택된 문제의 특성을 소개하고 칭찬하면, 다음에는 다른 아이들도 그러한 요소나 내용으로 문제를 내려고 애쓰게 된다.

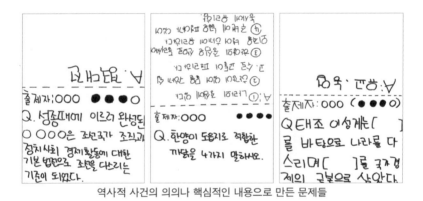

역사적 사건의 의의나 핵심적인 내용으로 만든 문제들

수업 목표에 따라 적절한 수업 방법이 있지만, 중요한 개념에 대한 암기는 사고의 재료로서 꼭 필요하다. 이것을 도와주려는 마음에 교사가 요점 정리 학습지나 문제지를 사용하지 않고 아이들 스스로 문제 만들기를 통해 복습하게 하면 교재를 훨씬 깊이 있게 탐독하며 관련 제재의 중요 개념을 찾아낼 수 있다. 그리고 또래 친구가 만든 문제를 풀면서 놀이를 하듯 재미있게 공부하게 된다. 교사의 입장에서는 아이들이 출제한 문제를 보면서 아이들이 관련 제재에서 무엇을 중요하게 여기는지, 얼마나 제대로 공부했는지 파악하여 적절한 피드백을 해줄 수 있다.

마음을 움직여 배우게 하라

사람들은 생각에 따라 행동한다고 믿지만 사실 사람을 행동하게 하는 것은 감성이다. 지식을 먼저 들이대기보다는 감성적 접근으로 아이들의 내적 동기를 불러일으킬 수 있다.

피겨 여왕 김연아를 보며 피겨스케이팅 선수를 꿈꾸는 아이들, 조수미를 보며 성악가를 꿈꾸는 아이들, 백남준을 보며 미술가를 꿈꾸는 아이들. 이 아이들은 모두 그 분야 최고의 수준을 보았기 때문에, 그들의 삶에 감동을 받았기 때문에 꿈꿀 수 있다.

배움에 가장 좋은 것은 내적 동기이다. 내적 동기는 아이 스스로 찾는 것이 가장 좋지만 쉽게 유발되지 않는다. 그래서 약간의 외부 자극이 필요하다. 그 자극 중에 하나가 바로 아이들 마음에 감동을 주는 것이다. 인물의 어린 시절 친근한 이야기로 공감을 불러일으키거나 훌륭한 역사 위인의 감동적 일화를 들려주는 것 등이 그 예이다. 이와 같은 스토리텔링 형식은 남녀노소 누구나 좋아하는 형태의 수업 방식이다.

또 다른 자극은 배우고자 하는 것의 최고 수준을 경험하는 것이다. 즉, 아이들은 하고자 하는 활동의 높은 수준을 체험함으로써 '나도 저렇게 하고 싶다.'는 내적 동기가 발생한다. 그 과정에서 '어떻게 하면 저렇게 할 수 있을까?', '저렇게 하려면 어떻게 해야 할까?' 아이들 스스로 이야기한다.

감성을 자극하는 이야기로 마음을 움직여라

5학년 사회에는 많은 위인들이 등장한다. 세종대왕, 이순신, 정조 등 위대한 업적을 남긴 훌륭한 위인들이 등장한다. 그런데 아이들에게 이들의 업적은 외워야 하는 부담일 뿐이다. 하지만 그들이 어떤 마음으로 그 일을 했는지 이해한다면 더 이상 부담이 아니다.

교과서에는 영조·정조의 업적을 중심으로 조선 후기의 사회 발전을 설명한 글이 나온다. 교과서에는 정조에 대해 다음처럼 업적 위주로 나열되어 있다.

> 정조는 나라를 바로 세우기 위해서는 왕권을 강화해야 한다고 생각하여 여러 가지 개혁을 시도하였다. 임금을 도와 나랏일을 할 인재를 뽑았으며, 서얼들도 벼슬을 할 수 있는 기회를 주었다. 그리고 왕실 도서관인 규장각을 설치하여 새로운 인재들이 나랏일을 연구하도록 하였다. 정조는 규장각에서 많은 학자들과 함께 나라의 문제에 관하여 자유롭게 의견을 나누었다. 규장각은 정조의 개혁 정책과 조선 후기 문화 발달에 큰 역할을 하였다. 또한 현재의 수원에는 계획도시인 화성을 건설하여 군사와 상법의 중심지로 만들고자 하였다.

교사   정조가 한 일을 찾아봅시다.
학생 1   여러 가지 개혁을 시도했어요.
학생 2   규장각을 만들었어요.
학생 3   수원화성을 만들었어요.

교사　왜 그런 일을 했나요?

학생 1　왕권을 강화하려고요.

교사　왜 왕권을 강화하려고 했나요?

학생　…… (침묵)

아이들은 이 한 문단에 있는 모든 것들을 기억해야 하는 부담감 때문에 정작 정조에 대한 관심이 없다.

만약 업적을 나열한 교과서를 보기 전에 정조가 쓴 『존현각 일기』의 일부분으로 수업을 시작한다면 어떻게 달라질까? 사실 초등학생이 역사를 이해한다는 것은 쉽지 않다. 무엇 때문에 위인이 그런 일을 했는지 감성적으로 이해할 수 있다면 이해의 정도는 다를 것이다.

　　내가 이렇게 일기를 쓰는 것은 지금 당하는 핍박을 후세에 전하여 알게 하기 위해서다. 신하들이 허리를 굽히지 않고 신발 끄는 소리를 탁탁 냈다. 흉도들이 심복을 널리 심어놓아 밤낮으로 엿보고 위협할 거리로 삼았다. 두렵고 불안하여 차라리 살고 싶지 않다. 나는 낮에는 마음을 졸이고 밤에는 방 안을 맴돌며 잠을 이루지 못했다. 바늘방석에 앉은 것처럼 두렵고 달걀을 포개놓은 것처럼 위태롭다.

_『존현각 일기(尊賢閣日記)』에서

교사　이 일기를 쓴 사람은 어떤 마음일까요?

학생 1　불안해요.

학생 2　무서워하고 있어요.

학생 3 신하들을 믿을 수 없어요.

교사 이 글을 쓴 사람은 사실 정조입니다. 정조가 여러분 나이일 때 쓴 일기예요.

학생 1 (깜짝 놀라며) 네?

학생 2 왕이 왜 이렇게 불안해해요? 왕이잖아요.

학생 3 귀하게 자라는 거 아니에요? 신하들이 떠받들고…….

학생 4 대박! 왕 지키는 군사 없어요?

학생 5 왕을 어떻게 죽일 수가 있어요?

교사 내가 정조라면 어떻게 했을까요?

학생 1 내가 죽을까 봐 신하들을 다 죽였을 것 같아요.

학생 2 믿을 수 있는 사람으로 신하들을 다 바꾸고, 경호원들을 옆에 데리고 다녔을 것 같아요.

학생 3 왕이 힘을 길러야 해요.

교사 그럼 왕의 힘을 기르기 위해 정조는 어떤 일을 했을까? 누구 말대로 신하들을 다 죽였을까? 지금부터 정조가 한 일을 알아봅시다.

초등 역사 수업에서 위인의 업적도 물론 중요하지만, 그 인물의 삶을 공감할 수 있는 것으로 자극한다면 아이들의 마음을 쉽게 움직일 수 있다. 그리고 이런 방법은 거창한 자료 준비를 하지 않고서 이야기 형식으로 들려줘도 된다. 『난중일기』의 일부분을 보며 이순신 장군의 마음 들여다보기를 하거나 당태종이 선덕여왕에게 보낸 모란꽃 그림에 담긴 이야기를 시작으로 그 당시 여왕으로 살아가는 것에 대해 생각해보기를 한다. 그 과정에서 아이들은 부담 없는 옛이야기쯤으로 여겼던 것에서 나아가 그 인물에 대해 애정, 관심 등을 갖게 된다. 그러면 교과서의 딱딱한 기술도 친근하게 느껴져 적극적으로 관련 내용을 알아보고 싶어진다. 이러한 기술은 역사뿐만 아니라 도덕 교과에도 쓸 수 있다.

높은 목표로 꿈꾸게 하라

배움의 과정에는 단계를 순차적으로 올라가는 것만 있는 게 아니다. 최상의 수준을 보고 나면 아이들 스스로 안다. '나도 그렇게 하고 싶다.' 이것이 배움의 원동력이다. 이러한 원동력을 만드는 가장 좋은 방법은 그 분야의 전문가를 직접 만나거나 체험하는 것이지만 현실적으로 어렵다. 다음으로 할 수 있는 방법은 교사가 그 수준을 보여주는 것이다. 이것도 어렵기는 마찬가지다. 그렇다면 어떻게 해야 할까? 교사가 그 분야의 전문가다운 느낌을 주는 누군가가 되면 된다.

교사　오늘 빠른 계산을 해보겠습니다. 계산을 위해 누가 먼저 1~9 사이에 자기가 좋아하는 수를 말해볼까요?

학생 1　9요.

학생 2　5.

교사　(대답한 수를 순서대로 두 자릿수로 기록한 후) 두 자릿수 5개를 더한 값을 미리 구해보겠습니다. (아이들에게 보이지 않게 매직으로 종이에 293을 쓴 후) 나중에 선생님이 쓴 답이 맞는지

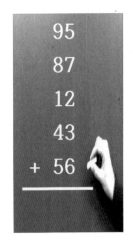

확인해봅시다. 그럼 또 말해주세요.

학생 3 8.

학생 4 7!

교사 (대답한 수를 순서대로 두 자릿수로 기록한 후) 선생님은 1과 2가 좋아요. 두 명만 더 수를 이야기해줄래요?

학생 5 4.

학생 6 3.

교사 (판서 후 56을 바로 이어 적고) 이것을 모두 더하면 얼마일까요? 누가 나와서 계산해볼까요?

학생 1 (293이라고 쓴다.)

교사 (미리 써놓은 답을 보여주며) 선생님이 미리 써놓은 답과 같습니까?

학생들 와~! 수학박사 같아요. 어~ 어떻게 미리 계산할 수 있지? 어떻게 한 거예요?

교사 어떻게 이렇게 빨리 계산했는지 궁금합니까? 오늘 열심히 공부하면 왜 그렇게 되었는지 알 수 있습니다.

계산하기를 싫어하거나 규칙에 관한 수업을 할 때 이렇게 시작하면 아이들은 눈앞의 교사를 수학자라고 생각한다. 일반 상식의 수학자와 아이들이 생각하는 수학자의 개념이 다르기 때문이기도 하지만 아이들 눈높이에서는 이 간단한 계산이 최고의 수준이 되어버린다.

다른 교과 시간에도 같은 방식으로 할 수 있는데 미술 시간, 교사가 화가가 되어 멋진 미술 작품을 그 자리에서 그려내는 것이 아니라 미술관 도슨트docent가 되어 작품을 설명해주고, 큐레이터가 되어 아이들의 작품으로 교실 환경을 구성한다. 보건 시간에는 의사가 되어

의학 전문용어를 사용하여 설명한다. 음악 시간은 지휘봉을 들고 마에스트로(지휘자)가 되어, 혹은 메트로놈과 튜닝기를 들고 악기의 전공자가 되어 이야기한다. 물론 보여줄 수 있는 자료는 최고의 수준으로 올리고, 전문가다운 느낌이 풍기는 것으로 준비한다.

가르침은 딱 한 걸음 앞의 수준으로 해야 한다

최고 수준의 경험은 내적 동기 유발을 할 수 있다. 하지만 너무 높은 수준은 어떤 아이들에게는 긍정적 동기가 아니라 부정적 동기가 될 수도 있음을 명심해야 한다. 최고의 수준을 보여준 뒤에는 반드시 배우고자 하는 아이의 수준을 파악하고, 그 아이가 그 수준이 될 때까지는 교수학습 단계에서 수준을 낮추어야 한다. 그 아이가 올라갈 수 있는 계단의 높이까지만, 뛸 수 있는 거리까지만, 오를 수 있는 높

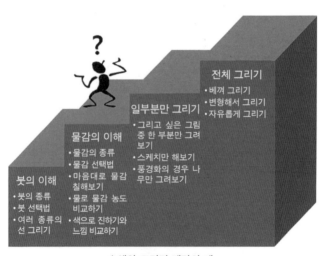

수채화 그리기 계단의 예

이까지만 제시해서 단계적으로 이끌어야 한다.

수채화의 경우 전문가의 작품을 살펴본 후 그런 그림을 그리기 위한 배움의 단계는 세분화해서 안내한다. 꼭 그림과 같은 단계를 거치지 않더라도 아이들이 오를 수 있는 수준의 높이에서 제시하면 된다.

'너의 눈에 보이는 이것들은 모두 최고야. 이렇게 하는 것은 쉽지 않아. 하지만 선생님과 함께 천천히 계단을 오른다면 너도 이렇게 될 수 있어.'라는 확신과 할 수 있다는 자신감을 불어넣어준다면 아이들은 포기하지 않고 도전한다. 그러면 아이들의 내적 동기는 결실을 맺을 것이다.

아이들에게 안다는 것은 느낀다는 것에 비하면 덜 중요하다. 아는 것이 지식의 씨앗이라면 감성과 감동은 그 씨앗을 길러낼 텃밭이다. 초등학교는 이러한 텃밭을 준비하는 시간이다. 아이들에게 소화시킬 수 없는 지식을 꾸역꾸역 집어넣기보다는 알고 싶어 하도록 이끄는 것이 중요하다.

📘 시뮬레이션으로 경험하게 하라

시뮬레이션은 학생이 상황을 더욱 생생하게 이해할 수 있게 해준다. 이를 통해 학생들은 흥미를 가지고 적극적으로 참여하게 되며, 가상적인 상황에서 문제 해결 능력 및 의사 결정 능력을 기를 수 있다.

시뮬레이션simulation은 복잡한 문제나 사회 현상 따위를 해석하고 해결하기 위하여 실제와 비슷한 모형을 만들어 모의적으로 실험하고 그 특성을 파악하는 일을 뜻한다. 컴퓨터에서 모의실험을 하는 것과 실제 모형을 만들어 하는 것으로 구분된다. 수학 시간 입체도형의 위, 아래, 옆모습을 알아볼 때, 회전체 만들기 등 도형 수업에서 컴퓨터 프로그램을 이용하는 것은 보편화되어 있다.

하지만 아이들이 학습하는 대상인 사회는 아이들이 경험하는 작은 사회인 학교보다 훨씬 더 구조가 복잡하다. 그리고 사회를 이루고 있는 여러 요소들의 영향을 받으며 구성원 간의 상호작용 속에서 변화하고 발전해간다. 이렇게 복잡하고 다양한 사회의 구조 및 구성원들의 행위를 아이들이 이해하기는 아주 어렵다. 특히 눈에 보이지 않는 경제 분야는 단순 지식 암기가 아닌 활동 수업을 설계하기도 어렵다. 이런 분야에 시뮬레이션 수업을 적용한다면 각종 상황을 경험한 아이들이 실생활과 관련지어 경제를 바라보는 올바른 관점이 형성될 것이다.

조이스와 웨일Joyce & Weil은 시뮬레이션 학습 과정을 다음과 같이 4단계로 제시하였다.

도입 단계	참여자 훈련 단계	모의 학습 운영 단계	결과 보고 단계
시뮬레이션에서 다룰 상황을 선택하고 그것을 적절하게 단순화시켜서 학습 상황으로 설정한다. ⇨	시뮬레이션의 형태와 규칙, 과정을 정하고, 상황을 분석하여 시뮬레이션에 필요한 인물을 선정한 후 역할을 배정한다. ⇨	실제의 시뮬레이션 상황이 이루어지는 단계이다. ⇨	참여자가 시뮬레이션의 전체 과정을 검토하고 평가한다.

조이스와 웨일이 제시한 시뮬레이션 학습 과정 4단계

다음 수업 예시는 무역이 이루어지는 까닭을 시뮬레이션 학습 과정 4단계에 따라 진행한 수업 사례이다.

도입 단계 : 무역 상황을 단순화시켜 설정한다

무역은 눈에 보이지 않는 활동이고, 아직 자신의 생활 주변만을 확인할 수 있는 6학년 학생들에게는 큰 개념이라 쉽게 와 닿지 않는다. 그래서 먼저 무역에 대한 개념을 익힌다. 그리고 무역을 하기 위한 기본적인 요소인 국가, 자원, 기술, 화폐 상황을 다음과 같이 정한다.

국가	자원	기술	화폐
하나의 모둠이 하나의 국가가 된다.	• 인적 자원: 학생 • 천연자원: 색종이, 가위, 사인펜	종이로 매미 접는 방법	바둑알

시뮬레이션 무역 상황

• 상황 1

모둠별로 가질 수 있는 자료를 달리하여 실제 지구촌의 조건이 다르다는 것을 알게 한다. 이윤을 창출하게 하여 여러 가지 경제 활동이 일어나게 한다.

• 상황 2

기술 발전을 위해 상황 1에서 만든 매미와 다른 형태의 매미를 요구하고, 상황 1에서 제공하지 않았던 사인펜을 투입한다.

참여자 훈련 단계 : 무역의 형태와 규칙, 과정, 인물을 선정한다

책상 배열은 4인 1모둠이며, 모둠별로 제공되는 자원이나 기술, 화폐의 양은 다음과 같이 정했다.

모둠	제공되는 것들	모둠	제공되는 것들
1모둠	바둑알 10개	4모둠	색종이 2장씩, 가위 1개씩, 바둑알 5개
2모둠	가위 4개씩, 색종이 5장씩	5모둠	색종이 10장씩, 바둑알 3개
3모둠	색종이 1장씩 , 매미 접는 기술	6모둠	색종이 1장씩, 매미 접는 기술

시작하기 전에 종이로 매미를 접을 수 있는 학생을 파악 후 그 학생이 있는 곳에 매미 접는 기술을 제공했다. 그리고 교사가 유엔 사무총장이 되어 무역 활동에 제지를 가할 수 있으며, 동시에 세계경제은행장이 되어 경제 활성화를 위해 색종이로 매미를 접어서 세계은행으로 가지고 오면 크기에 상관없이 한 마리당 바둑알 하나씩을 교환해주겠다고 안내했다. 그 후 무역 시뮬레이션 규칙을 다음과 같이 제시했다.

무역 시뮬레이션 규칙

1. 나누어준 자원 외에 개인이 갖고 있는 색종이, 가위는 사용할 수 없다.
2. 가위가 아닌 다른 도구나 손을 이용하여 색종이를 찢을 수 없다.
3. 폭력을 행사하거나 강제로 다른 모둠의 자원을 빼앗아올 수 없다.
4. 1차 무역 시간은 10분이며 중간 점검 후 2차 무역을 실시한다.
5. 정해진 시간에만 무역을 할 수 있다(중간 점검 시간 모든 경제 활동은 중단한다).
6. 위 다섯 가지 사항을 지키지 않을 경우 다음과 같은 조치를 취한다.

○○나라가 국제 무역 규범을 위반했으므로 무역 제재를 가합니다. 앞으로 5분 동안 ○○나라는 다른 나라와 무역을 할 수 없습니다. 만약 이를 위반하고 거래를 계속할 경우 유엔은 여러분의 재산을 몰수할 것입니다.

모의 학습 운영 단계 : 무역 시뮬레이션을 실행한다

시뮬레이션 수업에서 교사는 지시자가 아니라 활동이 원만히 진행되도록 도움을 주는 안내자임과 동시에 규칙을 준수하는지를 확인하는 심판자 역할을 한다.

아이들은 각기 다른 자원을 받고 처음에는 당황스러워하지만 이내 모둠 내 역할을 정하고 무역을 시작한다. 자원은 많지만 기술이 없는 모둠은 기술을 얻으려고 기술이 있는 모둠과 협상을 한다. 자원과 기술은 없지만 화폐를 가진 모둠은 처음에는 가만히 있지만 나중에는 두 가지를 다 얻으려고 동분서주한다. 기술을 가진 모둠은 기술을 무기 삼아 다른 모둠과 유리한 조건에 협상을 한다.

이 과정에서 산업 스파이도 생기고, 경제협력을 체결했다가 깨져 전쟁도 하고, 더 많은 이윤을 남기려고 협상을 전문적으로 하는 아이까지 생긴다. 그리고 한정된 자원을 아껴 쓰기 위해 색종이를 더 작게 자르고, 더 작은 매미를 만드는 기술도 생긴다. 또 모둠 내 역할은 만드는 이(생산), 세계은행과 교환하는 이(유통), 모둠에 필요한 것을 얻기 위해 다른 모둠과 협상하는 이(거래), 모둠 진행 상황을 살피고 돈을 지키는 이(재무) 등 더 분업화가 된다.

1차 무역을 종료하고 중간 점검을 통해 어느 모둠이 어떤 방식으로 이윤을 남겼는지 이야기를 나눈다. 이 과정을 통해 아이들은 1차 활동에 대해 반성하고 더 나은 무역 활동을 계획한다.

2차 무역은 기술 발전을 유도하기 위해 1차 무역과 같은 모양의 매미는 유통시키지 않고, 다른 디자인의 매미만 허용한다. 이를 위해 세계은행에서 사인펜을 바둑알 3개와 교환할 수 있도록 한다. 2차 무역이 시작됨과 동시에 아이들은 가지고 있던 자본으로 사인펜을 사들이고, 어떤 모둠은 여러 개를 사서 다른 모둠과 자기 모둠에 필요한 자원과 맞거래를 시도한다. 그런 과정을 거치면 모두 매미를 접을 수 있는 수준이 되어 초기 기술을 가진 팀의 힘은 약해지고 색종이를 가진 팀의 힘이 강해진다. 색종이 자원을 흥청망청 쓴 모둠은 시간이 남았어도 더 이상 무역 활동을 하지 못하는 상태가 되기도 한다.

결과 보고 단계 :
시뮬레이션의 전체 과정을 검토하고 평가한다

수업 마무리에서는 무역이 이루어지는 까닭에 대해 이야기를 나눈다. 그러면 거짓말처럼 무역이 필요한 이유를 자신들의 활동을 예로 들며 정확하게 말한다. 그러고 나서 아이들이 무역 시뮬레이션 활동을 통해 깨달은 것과 그 상황에서 느꼈던 어려웠던 점 등에 대해 토론하며 시뮬레이션 학습의 효과 및 개선점을 생각해보는 시간을 가진다. 더불어 우리나라 무역에 대해 생각해보고 천연자원이 부족한 우리나라가 앞으로 더 많은 나라와 무역을 하려면 어떻게 해야 하는지 알아보는 활동으로 연계한다.

시뮬레이션은 아이들의 삶과 동떨어진 학습 주제를
아이들의 삶 속으로 들어오게 한다

어느 교과를 막론하고 학생의 경험에 기초한 학습이 가장 효과적이라는 것은 이론의 여지가 없을 것이다. 이러한 관점에서 볼 때 시뮬레이션은 학생의 경험과 사회 현상을 유의미하게 연결 짓는 최상의 도구임에는 틀림없지만 자칫하면 학습 분위기가 산만해질 가능성이 크다. 이를 예방하려면 현실성 있는 시뮬레이션을 계획하는 기준이 분명해야 하며, 그 기준에 따라 체계적이고 철저하게 계획을 세워야 한다. 또한 핵심 개념이나 원리를 파악, 정리하게 하여 시뮬레이션 학습에서 학생들의 혼란을 줄여나가야 할 것이다.

4장

칠판과 공책 쓰기

📘 수학 시간, 칸 공책을 사용하라

칸 공책은 학교에서 1, 2학년 국어 수업 시간에만 사용한다는 고정관념에서 벗어나 학년과 관계없이 수학 수업 시간에도 칸 공책을 사용해보자.

자기 생각을 끊임없이 표현하는 활동을 아이들이 수업 시간에 하게 되면 집중력을 높일 수 있다. 자기 생각을 내놓는 가장 단순하면서도 정확한 방법으로 주로 사용하는 기술이 바로 공책에 생각 쓰기이다.

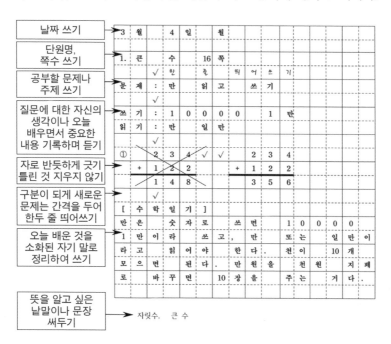

수학 시간에는 공책에 직접 자기만의 풀이, 친구 생각, 정의, 방법 설명 등 소화된 자신의 말로 끊임없이 표현하며 배워나가는 것이 중요하다. 이러한 수학 수업 시간에 효과적으로 사용할 수 있는 공책이 칸 공책이다. 현재 시중에 유통되고 있는 칸 공책 중 10칸 쓰기 공책을 수학 공책으로 사용하면 효과적이다.

칸 공책은 자릿값의 혼동을 막아주는 칸막이가 된다

수를 읽고 쓰는 부분에서 중요한 것은 정확한 자릿값을 알고 숫자를 명확하게 쓰는 것이다. 줄로 이어진 칸들이 한눈에 수 사이의 관계를 이해하는 데 도움을 준다. 특히 만 이상의 큰 수를 배울 때는 한 칸에 하나의 숫자를 정확하게 쓰면서 수를 비교하며 익히면 개념을 명확하게 이해할 수 있다.

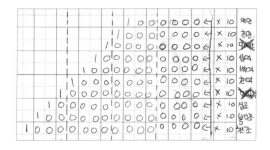

덧셈, 뺄셈, 곱셈, 나눗셈 연산 영역에서는 자릿수의 위치를 제대로 쓰지 않아 많은 오답을 만들어낸다. 그러므로 이러한 오류 발생을 줄이려면 자릿값에 대한 이미지를 정확하게 만들어 계산하는 연습이 필요한데, 이때 칸 공책을 사용하면 효과적이다.

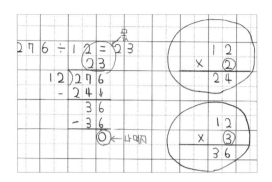

　　칸 공책은 세로의 한 줄을 같은 자릿값으로 쓰기 때문에 계산 과정에서 오류를 줄여준다. 칸 공책을 통한 반복적인 쓰기 연습은 결국 칸 공책이 없는 상황에서도 칸이라는 이미지 틀을 만들어줘 자릿값을 혼동하는 실수를 줄여 정확한 계산 값이 나오게끔 도와준다.

칸 공책의 한 칸은 도형 공부를 할 때 모눈종이 역할을 한다

　　도형 영역은 자로 직접 그리기와 모눈 칸의 수를 활용하여 그려보는 활동이 있다. 자를 이용하여 그릴 때도 칸이 있으면 더 빠르게 그려진다. 그러므로 칸 공책에 도형을 그리게 되면 모눈종이를 따로 마련하지 않아도 공책 자체가 모눈 칸 역할을 하기 때문에 편리하다. 칸 공책은 도형의 넓이 단원에서도 한 칸을 1cm²로 가정하면 도형 그리기와 계산에 효과적으로 사용할 수 있다.

칸 공책의 줄은 바로 눈금이 된다

그래프는 가로축과 세로축을 그리는 것이 중요하다. 칸 공책은 여기에 가로축과 세로축의 눈금을 빠르게 그릴 수 있게 돕는 역할을 한다. 다양한 표와 그래프를 그리는 상황에서 교사가 굳이 학습지를 제공하지 않아도 칸 공책을 사용한다면 아이 스스로 표와 그래프를 그리는 걸 쉽게 해낼 수 있다.

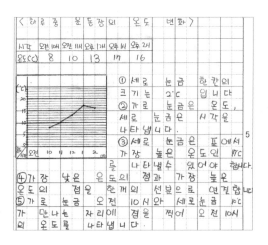

분수를 그림으로 빠르게 나타낼 수 있다

분수 수업에서는 수막대와 수직선 등 단순화된 그림으로 설명하고 이해하는 과정이 필요하다. 이미 가로와 세로선, 칸이 그려져 있는 칸 공책은 분수 설명에 사용하는 수막대와 수직선을 정확하고 빠르게 표현하도록 해주어 그림 그리기 시간을 단축해준다.

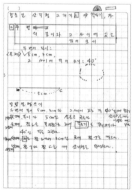

	〈내 생각〉	까닭 : 를라고 하였
■■■□	○	으니까 6을 3조 각으로 나누면 한 조각이 2칸이므로
□□□□	X	조각은 2칸,
■■■□	X	그 3개로 나눈 것 중 2조각을 선택 하였으니까 $\frac{2}{3} \times 2$ = 4이므로 4칸이 맞다.

아이들과 똑같은 칸 공책에 쓰기 시범을 보인다

아이들이 공책 쓰기 특히 칸 공책에 쓰는 것을 힘들어하는 것은 어떻게 써야 할지 모르기 때문이다. 그러므로 공책 쓰기가 아이들에게 습관이 되도록 지도하려면 교사가 수업 준비 단계에서 아이들과 똑같은 공책에 오늘 배울 내용을 미리 써보아야 한다. 교사는 공책의 왼쪽에 배울 내용을 미리 써보고 수업 시간에는 실물화상기를 통해 확대되어 보일 수 있도록 준비한다. 그러고 나서 우리 반 아이들과 똑같은 공책의 오른편에 아이들과 같은 수업 호흡으로 써가는 것이다. 교사가

칸 공책의
왼쪽
수업 준비
단계에
교사가 미리
써본다.

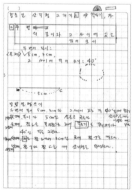

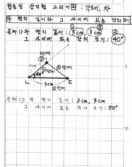

칸 공책의
오른쪽
수업 시간 중
아이들과
함께 쓴다.

공책 쓰기 시범을 보이면 아이들은 부담감을 훨씬 덜 느낀다.

머릿속의 생각은 언제든지 증발해버릴 수 있다. 따라서 이해와 기억의 연장에 효과적인 공책 사용은 수학 시간에 꼭 필요하다. 작은 작업이 끊임없이 계속되어야 하는 수학 시간에 학생들은 칸 공책을 아주 유익하게 사용할 수 있다. 칸 공책은 숫자를 정확하게 쓰는 것, 자릿값을 혼동하지 않는 것, 칸을 세는 것, 띠그림과 수직선 등 단순화된 그림으로 나타내는 것, 줄을 제대로 긋는 것 등 수학 학습의 기초를 다지는 작업을 좀 더 쉽게 만들어준다.

📖 공책을 생각 기록장으로 활용하라

자기 나름의 생각을 공책에 기록하는 것은 모두가 수업에 참여하기 위한 기본 조건이자 첫 번째 발표이다. 공책 기록이 생각의 흐름을 알 수 있는 장이 되도록 활용해보자.

공책을 그 시간에 공부한 요점을 정리하는 용도로 많이 활용하지만, 그보다 자기의 생각을 기록하는 것이 더욱 중요하다. 일방적인 판서나 교사의 요점 정리를 학생들이 받아 적는 것은 학생들의 생각이 포함되지 않았기 때문에 학습 효과가 낮을뿐더러 적극적인 학습 참여를 유도하기에 역부족이다. 공책을 학생들이 자유롭고 즐겁게 생각하고, 서로의 생각을 공유하여 사고를 발전시킬 수 있는 생각 기록장으로 활용할 수 있도록 지도해보자.

자기 생각 기록은 첫 번째 발표다

그냥 생각만 하는 것과, 그것을 말로 하는 것, 기록하는 것은 많은 차이가 있다. 생각한 것을 말로 하는 것도 하나의 발표 과정이지만 그것을 글로 적게 되면 생각이 체계적으로 정리되고 정교해진다. 그것은 바로 사고의 시작이자, 첫 번째 발표로서 중요한 의미를 가진다.

교실에 많은 학생들이 있지만 교사가 어떤 발문을 했을 때 그것에 대해 진지하게 사고하는 학생은 그리 많지 않다. 그리고 모든 학생을 발표시킬 수 없기 때문에, 누가 사고를 했고 누가 사고를 하지 않았는지 일일이 확인할 방법이 없다.

하지만 공책에 기록하는 것은 그 자체가 자신의 생각을 발표하는 것과 같다. 사고를 해야만 글을 쓸 수 있기 때문이다. 그래서 발문을 하고 나면 바로 발표를 시키지 말고, 반드시 질문에 대해 혼자 생각할 시간을 주고, 글로 쓰도록 해야 한다. 그렇게 하면 모두가 생각하고 함께 고민할 수 있다. 『수업 기술의 법칙』 저자 한형식은 발문과 공책 기록의 중요성을 다음의 그림처럼 설명하였다. 발문에 대해 자기의 생각을 가지고, 그것을 공책에 기록하는 과정을 통해 모두가 공통의 문제의식을 가져야 교수학습 집단으로서 의미가 있는 것이다.

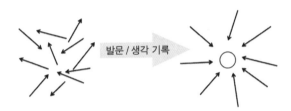

국어사전에서 설명하는 '집단'
'떼를 이루고 있는 것':
각기 다른 관심사를 가지고 있다.

교수학습적인 '집단'
'의미 있는 집단':
같은 문제의식을 가지고 있다.

세 가지 색으로 생각 주체를 구별해서 기록한다

공책에 자신의 생각을 적는 것은 생각과 사고의 시작일 뿐, 그것을 발전시키려면 친구와 교사의 도움이 필요하다. 배움은 선생님, 친구, 나의 상호작용을 통해 이루어지기 때문이다. 그래서 공책에 그런 상호작용이 잘 나타난다면 공책 기록만 보고도 자기 생각의 흐름을 볼 수 있고, 교사 역시 학생의 수업 도달 정도를 평가할 지표로 활용할 수 있을 것이다. 하지만 연필(검은색)로만 기록하면 어떤 것이 나의 생각이고, 어떤 것이 친구의 생각이며, 어떤 것이 선생님의 생각인지 구분하기 어렵다. 물론 여기서 생각 주체의 구분은 생각의 결과물을 선으로 그어서 나의 생각과 구분하는 것이 아니라, 사고의 흐름이 어떻게 흘러가는지를 나타내는 표지판 정도라고 생각해두면 좋겠다.

중요하다고 생각하거나 교사의 생각 기록

자기 나름의 생각 기록

친구의 생각 기록

생각 주체를 구별하기 위한 색깔 구분

- 검은색(연필): 자기 나름의 생각 기록
- 사각형(파란색): 친구의 의견을 기록
- 동그라미(빨간색): 중요하다고 생각하거나 교사의 생각 기록

나와 친구의 생각을 색깔을 구별해서 기록하면 다른 사람이 어떻게 생각하는지를 알게 되고, 그것을 바탕으로 자신의 생각을 다듬을 수도 있다. 이때 친구가 한 말의 내용을 그대로 받아쓰려고 하지 말고, 한 문장으로 요약해서 정리하도록 지도해야 한다. 받아쓰기는 나눔의 과정이 아니기 때문이다. 받아쓰는 데 시간을 많이 소비하지 않고, 친구의 생각과 나의 생각을 비교하는 데 집중해야 한다.

빨간색으로 기록하는 것은 교사의 생각, 또는 중요한 내용을 나의 생각과 구별하기 위해서이다. 교사가 발문에 대한 학생들의 생각을 들고, 학생들은 정리하면서 자기 생각과 교사의 생각을 비교해보고 크게 다른 내용이 없으면 자신이 기록한 내용을 그대로 두면 된다. 하지만 새로운 내용이나, 자신의 생각을 수정해야 할 경우에는 먼저 기록한 것을 지우지 말고 빨간색으로 보충 기록을 하도록 지도하면 효과적이다.

교사가 칠판에 적어주는 핵심 판서 내용도 마찬가지다. 한눈에 들어오도록 빨간색으로 기록하게 지도하면 나중에 다시 공부할 때 쉽게 중요한 내용을 찾을 수 있다.

지우개를 사용하지 않는다

공책 기록은 교실에서 일어나는 생각이 고스란히 담겨 있으며 그 한 권으로서 가치가 있다. 그러나 학생들은 자신이 기록한 내용이 친구의 생각 또는 교사의 생각과 다른 경우 지우개로 자신의 생각을 지워버린다. 그리고 그 생각을 그대로 따라 적는 경우가 많다. 그렇게 하면 자신의 생각은 처음부터 없어지므로, 다음과 같이 지도한다.

생각을 문장으로 완성하기 전에는 지우개를 써도 되지만, 일단 자신의 생각을 온전하게 기록하고 나면 지우개를 사용하지 않도록 한다.

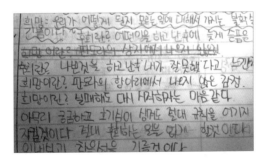

오답을 통해 정답을 찾아가는 것이 배움의 과정인데 학생들은 오답을 그냥 가치 없는 것으로 생각해서 쉽게 지워버린다. 하지만 오답 역시, 학생의 소중한 생각이라는 점에서 하나도 버릴 것이 없다. 지우지 말고 그냥 덧붙여서 기록하도록 지도하자. 그렇게 하면 처음 자신의 생각이 어떻게 바뀌었는지 파악할 수 있다.

선을 그을 때 반드시 자를 사용한다

공책에 여러 가지 표, 그래프 등을 그리는데, 직선을 그을 경우가 많다. 그럴 때 그냥 손으로 대충 그어놓으면 보기도 싫을 뿐 아니라 내용 기록을 효과적으로 하지 못하게 된다. 학생들에게 학기 초에 10cm 또는 15cm자를 준비하도록 해서 직선을 그을 때는 항상 자를 사용하도록 지도하는 것이 좋다. 처음에는 시간이 조금 걸리는 것 같지만, 조금만 숙달하면 공책을 효과적으로 나누어서 적거나, 체계적으로 정리하는 데에 도움이 된다.

넉넉하게 여유 있게 사용하게 한다

아이들은 공책을 남은 줄 없이 빽빽하게 쓰려고 한다. 그런데 남은 공책을 채우려는 집착에서 벗어나 여유 있게 사용할 것을 권하는 것이 좋다. 줄이 많이 남아 있더라도 새로운 내용이 시작되면 새로운 장에서 시작해야 기록된 내용을 쉽게 파악할 수 있기 때문이다. 다른 차시의 내용이 섞여버리면 읽기도 어려울 뿐만 아니라, 정작 중요한 사고의 흐름을 파악하는 데 방해가 된다.

그리고 발문과 발문 사이, 흐름과 흐름 사이는 기본적으로 한 줄씩 비우도록 해야 나중에 자신이 기록한 것을 다시 볼 때 조금 더 쉽게 파악할 수 있다.

생각을 그림으로 나타내게 하라

그림은 문제 해결 전략을 구상하는 데 디딤돌 역할을 한다. 또한 새로운 생각을 얻는 출발점이자 다양한 생각을 정리하는 도착점이 된다.

자신의 생각을 하나의 그림으로 표현한다는 것은 아이들의 좌뇌와 우뇌를 동시에 자극한다. 특히 요즘에는 영상에 익숙한 우뇌형 아이들이 많다고 한다. 그러므로 감정과 상상력이 지배하는 아이들에게 적합한 방법 중 하나가 그림으로 표현하기다. 문제 상황을 단순화해서 해결의 실마리를 찾게 해주는 그림, 상상력을 펼쳐 새로운 생각으로 연결 짓게 만드는 그림, 학습의 핵심 내용을 이미지로 쉽게 떠올릴 수 있게 하여 장기 기억으로 전환하게 만드는 그림 등 아이들의 생각을 샘솟게 하는 구체적 전략을 세워 수업에 도입해보자. 아이가 그린 그림을 보면 얼마나 잘 이해했으며, 어떻게 기억하고자 하는지 드러난다.

문장제 문제를 그림으로 단순화한다

수학 시간 다양한 문제 상황을 이해하는 데 효과적인 전략은 그림으로 단순화해서 나타내는 것이다. 특히 문장제 문제는 글 자체를 이해하기 어려워 시작조차 못하는 아이들이 많다. 그러므로 문제 해결의 실마리를 그림으로 단순화하는 작업을 해보는 것이다. 수학 시간에 그림으로 단순화해서 나타낼 때 띠 그림, 나뭇가지 그림, 수직선, 기호 등을 많이 사용한다. 또한 문장에 주로 등장하는 사물인 과일, 차, 집, 길 등을 자신이 표현할 수 있는 단순한 그림으로 나타내어 문제를 친구에게 설명하며 풀어가는 방법에도 사용할 수 있다.

실험 상황을 이미지로 설명한다

아이들의 과학 상식의 기저에는 'Why' 책이 존재한다. 아이들은 왜 이 책을 많이 읽을까? 만화니까 재미있다는 것만이 이유는 아니다. 과학 지식을 그림으로 나타내어 아이들이 이미지로 기억하게끔 도와주기 때문이다. 과학 시간은 직접 눈으로 보고, 충분히 관찰하여 기록하는 과정이 필요하다. 실험과 관찰 대상을 머릿속으로 이미지화했을 때 아이들은 더욱 쉽게 이해한다. 그러므로 스스로의 힘으로 세밀하게 관찰할 시간을 줘야 한다. 세밀화 사전의 식물과 동물 그림, 'why'

책 속의 실험 그림처럼 실험과 관찰한 사실을 그림으로 그려볼 시간을 줌으로써 과학 공부의 흥미를 이끌어내고 탐구 의욕을 일으킨다.

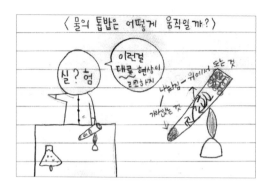

작품에 대한 느낌을 그림으로 나타낸다

시 수업은 아이들의 감상을 중심으로 전개한다. 시에 대해 자신만의 이미지를 갖는 것은 주제 파악에 도움이 된다. 수업을 전개하며 교사가 시를 3번 정도 시범 독으로 아이들에게 들려준다. 자신만이 떠올린 느낌을 공책의 한 면에 그림으로 나타낸다. 그리고 해당 시를 다양한 방법으로 낭송한다. 공책의 그림으로 표현한 이미지 위에 낭송을 통해 외운 시를 그대로 쓰게 한다. 이때 시의 이미지를 더 자세히

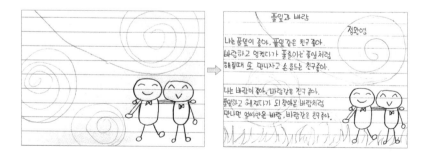

보충해 그리게 한다. 이러한 과정으로 시 수업을 전개하면 자연스럽게 시에 대한 이미지가 담긴 시화가 완성되어 자기 해석이 담긴 시로 재탄생할 것이다.

역사적 사실을 도식화한다

사회 역사 수업은 역사적 사실을 단순히 암기하는 것보다 아이들의 상상력을 불러일으켜 자신만의 생각을 정립하는 것이 중요하다. 역사적 사실에 대해 이야기 나누는 시간을 갖기 전에 자신이 생각한 이미지를 정리하는 시간이 필요하다. 그럴 때 그림으로 생각을 표현한다. 또한 역사 연표를 만들 때 그림으로 단순화하여 작성하면 역사적 사실의 흐름을 이해하는 데 도움이 된다.

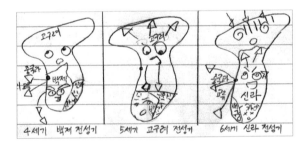

그림은 문제 상황을 단순화하는 작업을 통해 하나의 이미지를 만들어주어 장기 기억으로 변화할 수 있도록 돕는다. 또한 문제 상황을 재조직하여 새로운 눈으로 바라보게 만들어주어 해결을 돕는다. 대부분의 아이들은 글보다 그림 그리기를 편하게 생각하고 좋아한다. 좋아하는 그림으로 자신의 생각을 표현할 기회를 주는 것은 아이들의 사고를 확장시키는 디딤돌을 놓아주는 것이다.

📖 자신이 이해한 '날것' 표현으로 정리하게 하라

'A는 B이다.'라고 정형화된 표현으로 정리해주기 전에 정선되지 않은 학생 자신의
언어로 정리해보게 하자. 학생의 머릿속에 지식의 재구조화가 활발히 일어난다.

배움의 주체는 학생이다. 그런데 자칫 의욕이 앞서는 교사는 노 젓는 법을 가르쳐주기보다 대신 노를 저어주는 사공처럼 모든 것을 친절하게 설명하고 정리해주려고 한다. 이런 태도는 오히려 학생을 수동적인 배움의 객체로 만들고, 마치 갈등이 없는 드라마처럼 밋밋한 수업이 되게 할 뿐이다.

학생이 새로운 개념(원리) 지식을 수용하여 다소 엉성하게 인지구조를 재정립했다 하더라도 그것은 후속 학습을 통해 얼마든지 정교해질 수 있다. 현재의 교육과정은 중요한 개념이나 원리를 여러 번 반복하여 익히도록 구조화되어 있기 때문이다.

따라서 교사는 모든 학생이 포기하지 않고 나름의 방법으로 지식을 재구조화해나갈 수 있도록 점검하고 그 과정을 격려해주어야 한다. 다소 거칠고 다듬어지지 않은 엉성한 표현이라도 학생들의 '날것' 표현은 역동적인 배움의 과정을 생생하게 드러내주는 산 지표가 되기 때문이다.

'날것표현은 학생들의 머릿속을 보여준다

여러 가지 삼각형을 변의 길이에 따라 분류하는 4학년 수학 시간, 정삼각형을 이등변삼각형에 포함시킬 수 있는지 여부를 놓고 찬반 토론이 벌어졌다.

학생 1 정삼각형은 세 변의 길이가 같은 삼각형인데 이등변삼각형은 두 변의 길이가 같은 삼각형이기 때문에 다르다고 생각합니다.

학생 2 정삼각형은 세 변의 길이가 같으니까 이등변 삼각형도 될 것 같습니다.

학생들 상당수는 학생 1의 의견에 동조하였다. 학생 1에 동조하는 학생들은 두 삼각형이 포함의 관계가 아니라 동일시할 수 있는지에 초점을 두고 있는 것으로 보였다.

비슷한 주장을 반복하는 토론이 이어졌지만 학생들은 여전히 의견을 좁히지 못했다. 그래서 정삼각형 모형을 하나 들고 물었다.

교사 이것은 정삼각형입니다. (손으로 한 변을 가린 채) 이렇게 한 변을 가리고 두 변을 비교하면 어떻습니까?

학생들 두 변이 같아요.

학생 3, 4, 5 ……아! 이등변삼각형이 돼요.

교사 (다른 한 변을 가리며) 이렇게 하면 어떤가요?

학생들 (큰 소리로) 이등변삼각형이요.

학생들 이제 알았어요. 정삼각형은 이등변삼각형도 돼요.

교사 　정말 그렇게 생각합니까?

학생들 　(모두 자신 있게) 예!

교사 　그럼 공책에 여러분이 이해한 대로 다음과 같이 생각을 정
　　　리해서 써보세요.

판서

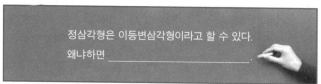

정삼각형은 이등변삼각형이라고 할 수 있다.
왜냐하면

학생들의 공책에 정리된 '날것' 표현

2	0	1	4	5	.	2	0	일		5		
공	삼	각형	을		에 따라		분류	해		봅시다	.	
①	이등변	삼각형	: 두	개변	의	같은	길이가	같은	삼			
②	정삼각	형	: 세	변	의	길이가		같은		삼각형		
☆	정삼	각형은	이등변	삼각형	이라고				한수			
		있다.	왜냐하면	한변을		무시하면						
두	변	의	길이가		똑같기	때문	이다.					
☆	정삼	각형은	이등변	삼각형	이라고			한수				
있다.	왜냐하면		세변이	똑같으	면	두변도						
같기	때문	이다.						10				
☆	정	삼	각형은	이등변	삼각형	이라고		할	수	있		
	다	왜냐하	면	한변을	제외	하고		두변의				
길	이가		같기	때문	이다.							

자세히 읽어보지 않으면 이해하기 힘든 다소 거칠고 다듬어지지 않
은 '날것' 그대로의 표현이다. 하지만 다른 사람은 몰라도 학생 스스
로는 거친 문장의 내용을 충분히 이해하고 있으며, 이는 그것을 만들
어내는 과정에서 각자 머릿속에서 활발한 재구조화가 일어났다는 것,

즉 학생의 배움이 일어났다는 것을 의미한다. 학생은 직관적으로 이해한 것을 논리적인 문장으로 표현하려고 적극적으로 사고하게 되고 그 과정에서 기존 인지 체계를 뒤져 최대한 적절한 표현을 찾아내려고 애쓸 것이기 때문이다. 이것은 교과서나 교사의 정확하고 정형화된 정리보다 중요한 가치를 지닌다.

학생들 자신의 언어로 이해한 내용을 정리해보게 하는 것은 교사에게도 유익한 전략이다. 이 전략은 학습자의 성취도를 가늠하여 후속 학습으로 나아갈 수 있게 해주는 지표가 된다. 만약 학생들이 잘 표현하지 못한다면 교사는 수업의 일부를 되돌리기 하여 다른 방법으로 개념과 원리를 이해시키려는 시도를 해야 할 것이다. 반면, 학생들의 표현이 적절하다면 그 과정을 충분히 격려해주고, '날것' 표현에서 드러난 관점이나 공통 요소를 분석하여 개념을 수속 정리할 수 있다.

칠판을 계획적으로 활용하라

칠판은 기록하는 공간이다. 수업 시간 중 칠판에는 교사가 진행을 위해 사용해야 하는 공간과 아이들의 생각을 담아 대화를 여는 공간이 함께 존재한다. 그러므로 계획적으로 칠판을 활용해야 한다.

빈틈없이 외워야 할 내용들로 칠판은 채워지고 그것을 공책에 그대로 쓰는 아이들!

칠판 가득 적힌 판서는 다시 말끔하게 지워지고 또 다른 내용이 빼곡히 채워진다.

탁탁탁, 사각사각 분필과 연필 소리만 교실에 가득하다.

교실 칠판을 떠올려보라고 하면 머릿속에 스쳐 지나가는 장면이다. 칠판은 수업 전개 과정과 정리를 한눈에 펼쳐놓기 쉬운 공간이다. 우리에게는 칠판에 대한 고정관념이 있다. 교사의 전용 공간, 즉 수업 중 교사의 일방적인 지식 전달 도구로서 판서만을 담는 공간으로 여기는 것이다. 일제식 수업의 구시대적 유물로 보이는 칠판은 등한시하고 시각적 자극이 강하고 빠른 변화를 담는 영상기기로 만들어내는 자료에 현혹되고 있다. 하지만 판서 계획은 여전히 수업 설계에서 중요하게 생각하는 요소이다. 교사와 학생 모두에게 칠판은 공간만 차지하는 애물단지가 아니라 수업 중 생각의 흐름을 담는 소통 공간인 것이다.

따라서 칠판의 가치를 다시 살려 일방통행이 아닌 학생, 교사, 교재의 새로운 소통의 매개 공간으로 칠판을 계획적으로 활용해보자. 교사의 수업 의도와 수업 중 변화하는 아이들의 생각을 한눈에 펼쳐내기 편리한 교구로 칠판을 만들어가야 한다. 수업의 흐름에 따라 아이들이 스스로의 생각을 담아 공책에 정리하게 지도하듯, 수업의 흐름을 칠판에 담아내도록 과목과 상황에 맞는 활용 계획을 세우는 것이 중요하다.

수업 흐름은 칠판에 있다

수업은 아이들의 생각 흐름에 따라 천천히 전개하다가 때론 점프도 하고 되돌리기도 하는 등 유기체처럼 살아 움직인다. 그러므로 수업의 시작과 끝을 모두 볼 수 있도록 칠판에 판서된 내용은 수업이 끝날 때까지 지우지 않아야 한다. 이것은 수업 시간에 나온 아이들의 생각 기록에도 해당한다. 수업 시간에 사용한 칠판은 수업의 전체 흐름을 보여주며 아이들의 사고가 막히는 부분에서 힌트를 찾을 수 있는 자료 역할을 한다.

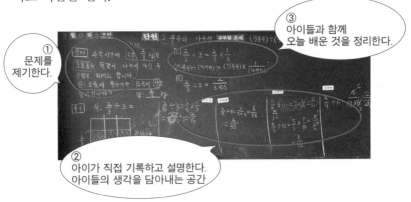

공간을 분할하여 사용한다

수업 상황에 따라 아이들의 생각에서 출발해 토론을 이끌어내고, 의견을 다시 정리해 마무리하는 수업 전략이 있는데, '아이들의 생각을 어디에 얼마나 칠판에 펼쳐놓을 것인가?'를 먼저 생각해야 한다.

그러므로 생각을 내놓는 아이들의 수에 따라 기록 공간 위치와 크기를 분할해야 한다. 이는 학생들 모두 기록하게 할 것인지 특정한 생각만을 기록하게 할 것인지, 또는 아이 스스로 기록하게 할 것인지 교사가 기록할 것인지에 따라 달라질 수 있다. 아이가 기록할 때에는 생각을 내놓은 아이의 이름을 정확히 써놓으면 문제에 대한 토의·토론으로 자연스럽게 연결하는 데 도움이 된다.

칠판은 넓을수록 좋다

교사와 학생이 모두 칠판을 사용하려면 칠판이 넓어야 한다. 녹색 게시판이 자리를 차지하는 것이 아니라 교실 전면이 다 칠판이고, 옆과 뒤까지 사방이 칠판으로 둘러싸인 교실도 있다. 하지만 우리나라 초등학교 교실에는 양옆에 게시판이 있고 가운데에 규격화된 칠판이

| 삼면이 칠판으로 배치된 교실 | 한 면이 칠판으로 배치된 교실 |

배치되어 있어 공간 제한이 있다.

대부분 한 면이 칠판으로 배치된 교실에서 수업을 하므로 칠판을 넓히려면 어떻게 하면 좋을까? 가장 간단한 방법은 보조 칠판을 두는 것이다.

칠판은 학습 내용의 나열 공간이 아니라 아이들의 소통 공간이다. 문제에 대한 토의토론 상황으로 수업이 전개될 때 생각을 비교하며 설명이 이어지고 정리되는 순간까지 아이들의 생각은 지워지지 않고 칠판에 계속 남아 있어야 한다. 그러므로 보조 칠판은 학생들이 스스로 생각을 펼칠 공간이 부족할 때 사용하는 여유 공간으로 활용된다.

보조 칠판은 자유자재로 이동시킬 수 있으므로 아이들 책상 쪽으로 위치를 옮겨 시선을 모으는 장점이 있다. 또한 아이들이 본 수업

| 보조 칠판 활용 1. 학생들의 생각 펼치기 | 보조 칠판 활용 2. 교사 수업 정리 |

시간 외에도 계속 연결 지어 생각하도록 일정 기간 동안 지우지 않고 기록을 덧붙이는 여유 공간으로 활용할 수도 있다.

무엇이든 그 가치를 알아야 제대로 활용할 수 있다. 교사와 아이 모두 수업에서 소통의 주체가 되는 공간으로 칠판을 계획적으로 사용해 보자.

📖 칠판을 학생들에게 내어주라

칠판은 교실에서 가장 많은 자리를 차지하는 교수학습 자료 중 하나이다. 그런 칠판을 교사의 생각과 학습 내용을 전달하는 도구로만 사용하지 말고 학생들의 소중한 생각을 자유롭게 펼칠 수 있도록 내어주자.

교실에 들어서면 가장 크게 들어오는 것은 교실 정면에 있는 칠판일 것이다. 예전부터 칠판은 교사가 판서를 하고 중요한 내용을 설명하고 전달하는 도구로 사용되었으며, 학생들은 그런 칠판에 가까이 다가갈 수 없었다.

이제 그러한 지식 전달 위주의 수업은 미래 사회를 살아갈 학생들에게 큰 도움이 되지 못한다. 지식을 구성하고, 서로의 생각을 교류하는 수업이 이루어져야 하고, 거기에서 칠판은 다른 역할로서 반드시 필요하다.

교실의 정면에 배치되어 학생들에게 효과적으로 어떤 생각을 전달할 수 있는 칠판, 다시 생각해보면 학생들의 생각을 가장 효과적으로 표현할 수 있는 도구가 될 수도 있다. 그래서 개인의 생각부터 모둠의 생각까지, 학생들이 자신의 생각을 스스로 기록하고 친구들에게 설명할 수 있는 자유로운 공간으로 내어주어야 하는 것이다.

공책에 적은 생각을 칠판에 옮겨 적는다

공책이 학생 개인의 생각 기록장이라면, 칠판은 학급 전체의 생각 기록장이 될 수 있다. 공책에 자신의 생각을 기록했으면 이제 칠판에 그것을 옮겨 적도록 해보자. 칠판 앞에 같은 반 친구들이 나오면 평소와는 다른 모습이기 때문에 더욱 집중을 하게 된다.

칠판을 학생들에게 내어주었을 때 좋은 점은 다음과 같다.

첫째, 동시다발적으로 발표할 수 있다. 칠판에 같이 나와서 자신의 생각을 기록하도록 하면 공백이 없어지고, 동시에 발표를 하는 효과가 있다.

둘째, 사고를 공유할 수 있다. 공책에 적힌 생각은 자신의 생각이지만, 칠판에 적는 순간 그것은 모든 학생이 함께 생각해볼 수 있는 생각이 된다.

모둠의 생각을 기록할 경우에는 교사가 칠판을 모둠 수만큼 나누어 주면서 기록하도록 하고, 방법과 유의점은 다음과 같다.

1. 교사가 제시한 주제에 대해 혼자 생각하고 자신의 생각을 공책에 기록하도록 한다.
2. 모둠원들의 생각을 나누었으면 모둠 내용을 정리한 학생이 앞으로 나와서 동시다발적으로 칠판에 기록하도록 한다.
3. 학생들이 칠판에 기록하는 동안 다른 모둠의 학생들은 자기 모둠의 결과와 비교하면서 내용을 잘 살펴보도록 한다.
4. 교사는 각 모둠의 내용을 비교해준다. 물론 모둠에게 생각을 직접 물어보고 학생의 말로 설명 듣는 것이 훨씬 효과적이고 학생들도 잘 이해할 수 있다.

칠판에 개개인의 생각을 모두 기록하게 한다

칠판에 개개인의 생각을 모두 기록하게 하면 모든 아이들의 생각을 한눈에 볼 수 있다. 이는 아이들의 사고를 확장시킬 수 있는 마중물이 된다. 이때 기록자의 이름을 칠판에 바로 붙여주면 토의나 토론으로 확장하는 데 도움이 된다. 직접 질문을 하거나 생각을 가르고 모으는 과정이 쉬워지는 것이다.

교사 글을 읽고 글쓴이가 추구하는 가치를 찾아서 책에 써보세요. 기록한 학생은 자신이 쓴 내용을 칠판에 나와서 다시 적어보세요.

칠판에 모둠의 생각을 적고 스스로 설명하도록 한다

모둠 활동의 결과물을 칠판에 직접 적도록 하고, 칠판에 적는 동안 자기 모둠의 내용과 비교하면서 보도록 한다. 칠판을 함께 보면서 설명이 필요한 내용은 그 생각을 한 학생이 직접 설명하도록 하고, 교사는 정리를 해준다. 그렇게 하면 학생들은 더욱 풍부한 사고를 할 수 있다. 칠판에 기록된 내용을 학생들과 함께 적절한 기준을 세워서 분류해보는 활동도 학생들의 사고력 향상에 도움이 된다.

> 교사 내가 생각하는 통일 한국의 모습은 무엇인지 공책에 기록하고 돌아가며 말하기로 나누어보세요. 의견을 나눈 모둠은 칠판에 기록합니다.

모둠 의견을 기록하는 모습

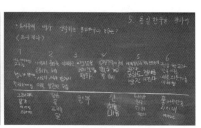
모둠 의견이 기록된 모습

문제를 단계별로 이어서 푼다

혼합 계산과 같은 복잡한 문제의 경우에는 문제를 푸는 것도 중요하지만 먼저, 혼합 계산의 순서를 아는 것이 더 중요하다. 그럴 때 혼자 문제를 푸는 것이 아니라, 계산 순서를 스스로 세워보도록 하고 칠판에 그 순서대로 한 명씩 나와서 릴레이 형식으로 문제를 풀어보게 한다.

1단계 문제 풀이

2단계 문제 풀이

3단계 문제 풀이

4단계 문제 풀이

그림을 연결해서 그린다

주제에 대해 관련 그림을 영상으로 보여주는 것보다 아이들이 머릿속에 떠오른 생각을 바로 칠판에 릴레이식으로 덧붙여 그리게 하면 하나의 수업 자료로 바로 연결해 사용할 수 있다. 칠판의 그림을 보며 함께 이야기를 나누며 수업의 흐름을 이어가거나 정리할 때 사용한다.

교사   고려시대 귀족과 양인이 사는 모습을 상상해봅시다. 먼저 생각이 떠오른 친구부터 한 부분씩 이어서 그려볼까요?

칠판에 적힌 친구들의 생각과 그림은 교사의 생각보다 훨씬 친근하게 다가오기 때문에, 그것을 보고 학생들은 자신의 생각을 보태어서 더 발전된 생각을 만들어낼 수 있다. 학생들의 글씨로 서툴게 적힌 소중한 생각은 교사의 유연하지 못한 사고로 적힌 딱딱한 내용보다 훨씬 더 학생들의 학습 동기를 자발적으로 이끌어내기 때문이다.

5장

더 좋은 수업을 위하여

📖 생각 저금통을 활용하라

수업을 하다 보면 선행 학습을 한 개념을 말하는 학생, 즉시 다루기 어려운 개념을 말하는 학생이 있다. 그 학생들의 생각을 묵살하지 말고 소중하게 저금해두었다가 필요할 때 꺼내보자.

    교사의 발문을 듣자마자 선행 학습을 한 내용을 말하는 학생이 있다. 그런 생각을 받아서 설명하기에는 시간이 많이 소요되기 때문에 적당히 이야기하고 넘어가곤 한다. 물론 간단하게 할 수 있는 경우도 있지만 그것이 본 수업의 흐름을 끊어놓을 정도라면 해당 수업에서 굳이 무리해서 설명할 필요는 없다.

    물론 직접적인 연관은 없지만 한번쯤은 짚고 넘어가야 할 좋은 소재를 제시해서 그냥 지나치기에는 아까운 경우도 많다. 그럴 때는 "다음에 설명해줄게.", "수업과 관계없는 이야기는 하지 마세요."라면서 넘어간다.

    그런데 적절한 시간에 그 개념을 설명하지 못하고 그냥 잊어버린다면 학생들의 소중한 생각은 사라지고 마는 것이다.

    학생들의 소중한 생각을 무시하지 않고, 적절한 경우에 언제든지 꺼내 쓰는 '생각 저금통'을 활용해보자.

칠판에 생각 저금통을 붙여놓고 소중한 생각을
일단 저금해둔다

칠판 구석에 돼지 모양의 저금통을 붙여두고 그것을 생각 저금통이라고 설명해준다. 그전에 교사는 본 수업과 관계없거나 선행 학습된 개념이 전부 생각 저금통에 들어갈 수 없음을 분명히 해두어야 한다. 그것은 교사의 판단에 달려 있다.

한번쯤 짚고 넘어가야 할 개념을 학생이 수업 시간에 말하면, 그것을 그냥 생각 저금통 밑에 적어두면 된다. 그러면 그 생각을 말한 학생도 조금 덜 무안할 것이며, 교사는 학생들의 생각을 진심으로 존중하고 있음을 자연스럽게 표현할 수 있다.

실제 그런 생각들은 다음에 관련 차시를 공부하거나, 관련된 내용이 나왔을 때 꺼내어서 설명하고 칠판에서 지워버리면 된다. 아주 간단한 과정이지만 효과는 굉장히 크다. 그런 생각이 학생들의 머릿속에서 나왔기 때문에 의미는 더욱 배가된다. 저금해두었던 생각에 대해 함께 토의하고 서로의 생각을 공유하는 과정을 거치면, 자칫 쓸데없는 것으로 사라질 수 있었던 생각이 훌륭한 생각의 불씨가 될 수 있기 때문이다.

분모의 값이 다른 분수의 크기를 비교하는 방법을 공부하는 과정으로, 통분의 개념을 도입하기 전에 그림을 그려서 크기를 비교하는 부분이다.

교사 분모의 값이 다른 분수의 크기를 비교하는 방법에는 어떤 것이 있을까요?

소영 　그림을 그려서 색칠을 해보면 될 것 같습니다.

정연 　선생님, 통분을 하면 금방 구할 수 있어요.

교사 　정연이가 통분에 대해서 들어보았구나. 통분이라는 연산 과
　　　정을 하기 전에 먼저 그림을 통해 분모의 크기가 다른 경우
　　　크기를 어떻게 비교하는지부터 살펴보고 넘어가면 좋을 것
　　　같아. 정연이가 말한 통분은 분수의 크기 비교에서 아주 중
　　　요한 내용이니까 저금해두었다가 나중에 꺼내서 보자. (생

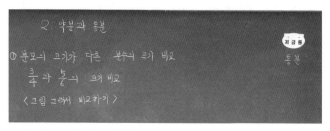

각 저금통에 '통분'이라고 쓴다).

생각 저금통은 적절하게 비워내는 과정이 더 중요하다

　보통의 저금통은 채우는 것이 목적이지만 생각 저금통은 저금된 생
각을 적절하게 비우는 과정이 더욱 중요하다. 한 번 들어간 생각이 도
대체 나올 생각을 하지 않거나, 일 년이 지나도록 다시 언급되지 않는
다면 그 생각은 그냥 쓸모없는 생각이 되어버린다. 그래서 교사는 그
생각을 적절하게 활용할 방법을 구상해야 한다.

　선행 학습의 결과에 따른 생각일 경우에는 첫째, 해당 차시를 찾아
서 지도서에 표시해두었다가 꺼내어 쓴다.

　둘째, 다룰 시기를 알려주어서 예고한다. 선행 학습에 나온 개념을

다룰 시기를 알려주고 그때 생각 저금통에 들어간 생각을 말한 학생에게 친구들에게 설명할 기회를 주는 것도 좋은 방법이다. 또 다른 과목에 관련된 내용이 있으면 그 내용을 공부할 때 다룰 수도 있다.

셋째, 관련 차시나 주제를 찾기 어려운 생각일 경우에는 생각 저금통에 있는 생각을 몇 가지 정도 모아서 탐구 주제로 내어주는 방법도 있다. 스스로 그것에 대해 공부해 와서 공부한 내용을 친구들에게 설명해주도록 지도한다.

이렇게 저금통에 들어 있는 생각을 적절하게 비워내는 과정 속에서 학생은 자신의 생각이 존중받고 있다는 것을 자연스럽게 느낄 수 있고, 스스로 사고하려고 노력할 것이다. 생각 저금통의 생각을 꺼낼 때는 내용만 언급하지 말고 그 생각을 떠올린 학생의 이름도 함께 언급해준다면 더욱 효과적일 것이다.

교사는 생각 저금통에 들어갔던 개념을 학생들과 공부한 다음에 따로 기록해두어야 한다. 그러한 내용들을 체계적으로 분류하고 분석하여 나름의 지도 방식을 세워둔다면, 다음에 비슷한 내용이 나왔을 때 더욱더 심도 있고 체계적인 배움이 될 수 있을 것이다.

가능성을 채점하라

부족함을 찾아 감점할 것이 아니라 좋은 점, 잘한 점, 바르게 한 것을 찾아 칭찬하며 점수를 더해준다. 그러면 아이들의 자존감이 향상됨과 동시에 학습력도 올라갈 것이다.

She was not the best.

Do your best.

두 문장에 공통적으로 들어가는 단어는 'best'이다. 하지만 두 단어의 뜻은 다르다. 첫 번째 문장에서 'best'는 우리가 흔히 알고 있는 '최고'라는 뜻이지만 두 번째 문장에서는 '최선'을 의미한다.

교사인 우리는 학생을 평가할 때 둘 중 어떤 의미의 'best'를 추구하고 있을까?

많은 교사가 아이들을 꼼꼼히 지도하기 위해 체크리스트를 만들어 활용한다. 그런데 이때 잘한 아이를 칭찬하기보다는 잘못한 아이를 일으켜 세워 꾸중하곤 한다. 이는 경각심을 일깨워 다음에는 숙제를 잘 해오길 바라는 의도지만, 오히려 아이들의 자존감을 떨어뜨리고 잘못하는 아이로 낙인찍는 결과를 초래한다. 오늘날 우리 교육의 문제점 중 하나가 바로 이와 같은 감점 방식이다.

이제부터 우리는 최고의 'best'가 아니라 최선을 다하는 모습으로

서 'best'를 칭찬과 격려를 해주는 가점주의 방식으로 평가해야 할 것이다. 학습 과정에서 아이들이 느끼는 성취감이나 긍정적인 태도는 현재의 학습뿐 아니라 다음 학습에도 영향을 주며, 나아가 학생 자신에 대한 자긍심 형성에도 큰 영향을 미칠 것이다.

10문제를 만들지 않는다

평가할 때 10문제를 출제하는 것은 교사의 입장에서 채점하기가 쉽고 '문항 수=10문제'라는 고정관념에서 비롯된 것인지도 모른다. 꼭 10문제를 낼 필요는 없다. 13문제를 낼 때도 있고 7문제를 낼 수도 있다. 10문제에서는 2개를 틀리면 80점이란 계산이 바로 나오지만 그렇지 않을 경우 즉시 몇 점이라는 점수가 나오지는 않는다. 이로써 아이들 스스로도 백점주의에서 벗어날 수 있다.

동그라미와 빗금의 크기를 확연히 다르게 한다

아이들이 문제를 풀고 난 뒤 교사에게 확인을 받으러 나온다. 이때

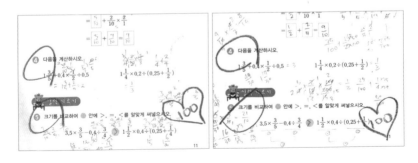

맞게 푼 문제에는 동그라미를 크고 선명하게, 틀리게 푼 문제에는 작고 희미한 빗금을 그어준다. 또 틀린 문제를 다시 풀어서 맞히면 빗금 표시를 동그라미로 완성해준다. 이렇게 하면 학생들은 실수한 문제를 만회하고 동그라미를 만들기 위해 열심히 문제를 푼다.

▽ 아이스크림콘 모양으로 채점을 한다

문항 채점을 할 때 맞으면 동그라미 표시, 틀리면 빗금 표시 대신 체크(∨)표시를 해준다. 틀린 문제는 바르게 고쳐 오도록 한다. 두 번째 채점에서 맞히면 체크 표시 위에 ⌒표를 덧 그려서 아이스크림콘 모양(▽)으로 만든다. 아이스크림콘 모양이 아이들에게 소소한 웃음과 여유를 줄 수 있다. 또는 다른 모양으로 표시할 수도 있다.

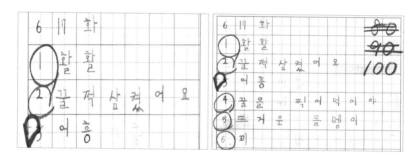

오답 중에서도 옳게 한 부분은 동그라미를 하고 틀린 곳만 세모로 표시한다

예를 들어 $\frac{15}{17} \div \frac{12}{17}$ 를 계산하여 기약분수로 나타내야 하는 문제가 있다고 하자. 이 경우 $\frac{15}{17} \div \frac{12}{17} = 15 \div 12 = \frac{15}{12} = 1\frac{3}{12}$ 과 같이 답을 쓸 수도 있다.

이 계산은 대부분 옳게 하였는데 마지막 단계에서 기약분수로 나타내지 않았을 뿐이다. 따라서 이것을 가점 방식으로 평가하면 옳게 한 것은 모두 동그라미를 하고, 틀린 곳만 세모로 표시하면 된다.

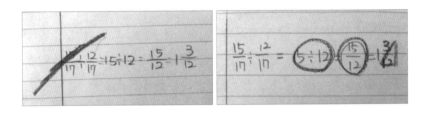

그러면 평가지를 받은 아이는 무엇이 틀렸는지 살펴보고 자신이 어째서 틀렸는지를 확인할 것이다.

채점할 때마다 다른 색 색연필을 쓴다

예를 들어 첫 번째에는 빨간 색연필로 채점을 했다면, 실수한 문제를 다시 풀어서 가져왔을 때에는 녹색 색연필로 채점을 해주는 것이다.

아이들이 채점 받으러 올 때마다 색연필의 색깔을 다르게 하면 교사와 학생에게 좋은 점이 있다. 교사의 입장에서 보면 학생 개개인의 성취도를 알 수 있다. 즉 채점에 사용된 색깔의 수만 보면 그 문제를 학생이 몇 번 만에 해결했는지 쉽게 알아볼 수 있다. 또 학생의 입장에서는 스스로가 어떤 문제를 어려워하거나 헷갈려 했는지 알 수 있어서 자기 주도적 학습에 도움이 된다. 또 앞서 실수한 문제를 해결한 경우 빗금이 원이 되도록 선을 이어주는 것이 바라는 대로 성과를 이끌어내기에 더 효과적이다.

여러 가지 표시 또는 색깔로 채점된 문제만 한 번 더 풀어보게 한다

이러한 과정을 통해 해결한 교과서나 학습지는 한 번 푼 것으로 끝내는 것이 아니다. 학습 후나 시험 기간에 다른 색깔이나 다른 모양의 표시로 채점된 문제를 한 번 더 풀게 하면 아이들은 더욱 완전한 학습 도달도에 이를 수 있다.

문제를 다 해결한 아이 모두에게 100점이라고 써준다

평가 후 아이들은 '나는 100점, 너는 70점' 과 같은 결과로만 기억하려 하는 경향이 있다. 그래서 처음 평가에서 틀린 문항이 있는 경우 채점된 점수는 써주지 않는다. 틀린 문제를 고쳐 와서 모두 맞혔을 때 100점이라고 써준다. 처음에 100점이든 고쳐 와서 100점이

든 상관없이 아이들은 모두 자신이 100점을 맞은 기쁨을 누리며 '틀려도 괜찮다, 다시 도전하면 된다'라는 생각을 할 수 있기 때문이다. 이때 교사가 이렇게 말하면 아이들의 잠재적 능력을 일깨우는 결정적인 역할을 할 것이다.

> 교사 한 번에 다 풀어도 100점, 두 번째에 다 맞혀도 100점, 끝까지 문제를 해결한 사람은 모두 100점입니다.

점수는 통 크게 준다

100점이 지루해질 즈음에 교사는 더 큰 점수를 준다. 예들 들어 글자만 맞혔을 때는 100점, 띄어쓰기도 잘했을 때는 200점, 바른 글씨체로 정성껏 썼을 때는 300점으로 점수를 후하게 준다. 높아진 점수만큼 아이들 표정도 밝아질 것이다.

아이들의 자존감을 생각하며 가점 방식으로 채점하자

가점 방식으로 채점하는 것과 감점 방식으로 채점하는 것 중 어느쪽이 더 교육적인가? 이는 더 이상 논할 필요가 없을 것이다. 오래된 관습처럼 이어져온 감점주의 생각과 방식을 가점주의로 바꿈으로써 우리 아이들은 자존감이 높은 슬기로운 아이로 자라날 것이다.

📖 단원의 핵심을 찾아 집중하라

단원의 내용 중에서 학생들이 반드시 알고 넘어가야 할 핵심이 있다. 그런 내용일 경우 굳이 한 차시 안에 가르치려고 하지 말고 계단을 낮추어서(Small Step) 여러 개 만들어 누구나 넘을 수 있도록 해줄 필요가 있다.

교과서를 살펴보면 많은 단원의 내용이 어려운 내용도 한 차시, 쉬운 내용도 한 차시로 구성되어 있다. 물론 재구성을 염두에 두고 나온 예시일 뿐이지만, 모든 학생들이 넘을 수 있도록 재구성해야 할 내용이 많다.

특히 수학의 경우 제대로 개념을 정립하고 넘어가지 못하면, 그 내용을 다시는 배울 기회가 없기 때문에 그것이 부진의 원인이 되는 경우도 적지 않다.

우수 학생이 아니면 처음 배우는 개념을 쉽게 이해하기는 어렵다. 교사가 중간 수준의 학생들에게 초점을 맞추어서 수업을 준비한다고 생각해보자. 성적이 상위 그룹에 속하는 학생들은 별 문제가 없지만 그렇지 않은 학생들은 쉽게 이해하지 못하고 덜컥 다음 차시로 넘어가버린다. 특히 처음 접하는 개념이나 단원에서 반드시 알고 넘어가야 하는 내용인 경우 더욱 내용을 나누어서 확실하게 지도해야 하지만, 그렇게 하지 못했을 때 연결되어야 할 배움의 과정이 단절되고 만다.

따라서 단원에서 핵심이 되는 부분은 내용을 더욱 세부적으로 나누어서 집중적으로 지도해야 한다.

누구나 넘을 수 있도록 재구성한다

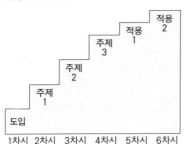

균등하게 차시가 분배된 교육과정

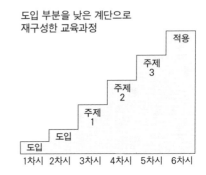

도입 부분을 낮은 계단으로
재구성한 교육과정

이 그림에서처럼 계단을 올라간다고 생각해보면 왼쪽 계단은 도입부터 주제 세 가지, 적용까지 모두 같이 1차시로 구성되어 있다. 그 내용을 들여다보면, 도입 부분의 핵심 내용을 제대로 이해하지 않으면 이번 단원의 학습 자체가 불가능하거나, 또는 오개념이 형성될 가능성이 있다. 하지만 균등하게 차시가 나뉘어 있다.

만약 도입을 한 차시로 끝내버리면, 성적이 우수한 학생들은 제대로 이해하겠지만 정말 교사의 도움이 필요한 학생들은 제대로 이해하지 못한 상태에서 다음 차시로 넘어가게 된다.

여기에서 부진 학생이 발생할 확률이 높은 것이다. 그런 과정이 누적되다 보면 그 학생은 이전 계단에 계속 머무르는 상태가 된다. 다른 친구들은 계단을 다 올라가서 다른 학년으로 넘어가지만 그 계단을 넘지 못한 학생은 계속 그 자리에 있을 수밖에 없다. 그 내용을 다시 배울 기회도 없을뿐더러 누적된 이해 부족은 학습 부진으로 이어진다.

성적이 우수한 학생들은 계단이 높아도 성큼성큼 올라갈 수 있다. 그렇지 못한 학생들을 배려하려면 일률적으로 같은 높이로 되어 있는 계단을 낮게 만들어주어야 한다. 그 계단을 딛고 올라올 때까지 기다려주고, 그 손을 잡아주는 것이 교사의 몫이기 때문이다.

5학년 '소수의 곱셈' 단원의 도입을 낮은 계단으로 재구성한 예시

차시	내용	차시	내용
1	(소수)×(자연수)를 계산할 수 있어요(1)	1	(소수)×(자연수)를 계산할 수 있어요(1) 〈활동 1〉
2	(소수)×(자연수)를 계산할 수 있어요(2)	2	(소수)×(자연수)를 계산할 수 있어요(1) 〈활동 2~3〉
3	(자연수)×(소수)를 계산할 수 있어요	3	(소수)×(자연수)를 계산할 수 있어요(2)
4	곱의 소수점의 위치를 알 수 있어요(1)	4	(자연수)×(소수)를 계산할 수 있어요
5	곱의 소수점의 위치를 알 수 있어요(2)	5	곱의 소수점의 위치를 알 수 있어요(1)
6	(소수)×(소수)를 계산할 수 있어요(1)	6	곱의 소수점의 위치를 알 수 있어요(2)
7	(소수)×(소수)를 계산할 수 있어요(2)	7	(소수)×(소수)를 계산할 수 있어요(1)
8	소수의 곱셈을 할 수 있어요	8	(소수)×(소수)를 계산할 수 있어요(2)
9	단원 평가	9	소수의 곱셈을 할 수 있어요
10	탐구 활동 / 문제 해결	10	단원 평가
11	이야기마당 / 놀이마당	11	탐구 활동 / 문제 해결 이야기마당 / 놀이마당

기존 차시 구성   단원의 핵심에 집중

'소수의 곱셈'은 4학년 때 공부한 '소수의 덧셈'과 연계하여 지도해야 한다. 소수의 곱셈이 이루어지는 원리를 정확하게 알지 못하면 다음에 이어지는 10개의 차시는 도저히 이해할 수 없는 내용이 되어버린다.

1차시에는 [활동 1. (소수)×(자연수)를 여러 가지 방법으로 계산해보기], [활동 2. (소수)×(자연수) 계산 방법 알기], [활동 3. 계산 방법 익히기]의 세 가지 내용으로 구성되어 있다. 이것을 한 시간 안에 가르치려 하지 말고, 첫 시간에는 4학년 때 배운 내용을 떠올려보도록 한다. 필요한 경우에는 교사가 간단하게 정리해줄 수도 있다. 배웠다고 하지만 정확하게 기억하고 있는 학생은 많지 않기 때문이다.

그리고 첫 번째 활동인 '(소수)×(자연수)'를 지금까지 배운 여러 가지 방법을 동원해 스스로 풀어보고 원리를 발견하는 시간을 줄 필요가 있다. 교사가 새로운 원리를 급하게 알려주고 풀도록 하지 않고, 수학 원리를 스스로 발견할 수 있는 시간을 주어야 한다. 그래야 학생들은 이전에 공부한 내용을 머릿속에서 정리하고 새로운 내용을 받아들일 준비를 할 수 있다.

그다음 연차시로 구성된 다음 시간에 '(소수)×(자연수)의 계산 방법'을 지도하면 대부분의 학생들이 계산 방법을 제대로 이해하고 넘어갈 수 있으며, 오개념을 갖지 않을 수 있다.

교과서를 모두 다루지 않는다

이렇게 낮은 계단으로 재구성을 하다 보면 수학 시간 자체가 많이 늘어날 우려가 있다. 그렇게 시간을 늘려놓으면 나중에 다른 내용을 공부할 때 시간이 부족하기 때문에 교과서에서 선택 활동으로 운영할 부분을 찾아야 한다.

가령 10차시와 11차시는 '탐구 활동 / 문제 해결 / 이야기마당 / 놀이마당' 이렇게 네 가지의 주제로 구성되어 있다. 이것을 전부 다루려고 하면 사실 2차시도 모자라다. 이번 단원에서 반드시 알고 넘어가야 할 핵심 내용을 제대로 지도했으면 나머지는 선택 활동으로 묶어 1차시로 줄여서 가르쳐도 크게 문제는 없다.

물론 학생들이 그동안 배운 내용을 제대로 이해했는지 문제를 풀어보는 과정을 통해서 확인하는 과정이 필요하지만, 그것은 단원 평가 시간에 집중적으로 한다. 그리고 많은 문제를 굳이 수업 시간에 전부 풀도록 할 필요는 없다. 숙제로 내어주고 확인하는 방법, 같은 수준의 문제는 그중에서 풀고 싶은 것 한 개씩만 선택해서 풀도록 하고, 짝과 함께 비교해보기 등의 방법을 통해 얼마든지 확인할 수 있다.

수업 시간에 수학 문제를 풀고 있는 학생들을 궤간 순시하면 수준 차이가 많이 난다. 개별적인 지도를 한다고 하지만 그것은 어디까지나 한계가 있다. 과연 그 학생이 넘지 못한 계단이 무엇인지부터 찾는 것이 우선이지만, 그것 역시 교육과정 분석과 체계적인 접근을 통한 진단이 필요하다. 교사들의 도움이 정말 필요한 학생은 바로 그런 학생일 것이다. 조금 시간이 걸리고 더디더라도 가르쳐야 할 내용을 반드시 알고 넘어가도록 교육과정을 재구성하여, 이전의 배움과 지금의 배움 사이에 징검다리를 놓아줄 필요가 있다.

📖 필사하게 하라

좋은 글을 따라 쓰게 하라. 글을 따라 쓰다 보면 그 글의 내용과 형식이 몸에 배어든다.

원고지로 쌓은 종이탑.

작가의 아들, 며느리, 독자들의 필사.

필사를 통해 작가가 아들에게 물려주고 싶었던 것은 무엇일까?

소설 『태백산맥』 필사본

눈으로 보고 머리로 생각하며 손으로 쓴다. 필사할 때 눈으로 보면서 입으로 소리를 내면, 입과 귀까지 한꺼번에 사용하게 되므로 인간의 뇌가 더욱 활성화되어 학습 능력을 최대한 끌어올릴 수 있다. 이것은 입체적인 형태의 학습 방법이다. 그렇기 때문인지 많은 승려들이 불교 경전을 적는 것으로 기초 수도를 시작하고, 몇몇 기독교 신자들

또한 성경을 손으로 쓰곤 한다. 유수한 작가들도 작가 수업을 위해 저명한 작가의 작품 따라 쓰기를 한다.

필사는 여러 가지 효과를 고려하여 교실에서도 효율적으로 이용할 수 있다. 글을 쓰라고 하면 아이들의 속도 차는 천차만별이다. 글감을 찾지 못하거나 글을 쓰는 형식을 몰라 힘들어하는 아이가 있는 반면, 필사는 누구나 쉽게 할 수 있다. 따라 쓰는 글의 내용을 내면화하게 해주는 동시에 글의 구조와 좋은 표현 등을 익혀 글쓰기에도 도움을 준다.

아침 활동으로 칠판에 적어놓는 글을 아이들은 원고지 양식의 공책(짓기장)에 매일 한 바닥씩 쓴다. 반듯하게 필사한 것을 선생님은 커다란 동그라미로 칭찬한다. 하루 수업을 시작하기 전에 필사한 것을 다 같이 음독한다.

글의 내용을 온 감각을 동원하여 내면화한다

시, 시조, 명문장, 연설문, 고전에서 발췌한 좋은 글들을 필사하면서 그 글에 있는 좋은 표현과 의미를 마음에 새기게 된다. 선생님들이 아이들에게 하고 싶은 잔소리도 명문을 빌려 우아하게, 깊게 할 수 있다. 「안중근의 유언」은 안중근 의사의 사형 집행일인 3월 26일에 한 번 적고, 2학기 읽기 공부에 맞춰 한 번 더 적는다. 시기에 맞춰 적으며 시사 교육도 같이 할 수 있다. 글이 짧은 날에는 간단하게 소감을 적으라고 한다. 한 아이는 논어 계씨편 익자삼우益者三友 손자삼우損者三友를 풀어 쓴 한글 문장을 필사하고 이렇게 소감을 적었다.

나는 여기 어디에 속하는 친구인지 궁금하다.

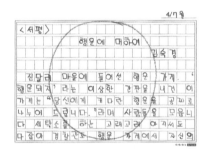

필사한 글에 자신을 비추어보는 것이다. 이런 종류의 글일 때는 하루에 쓰는 분량을 원고지 한 장 정도로 하는 것이 좋다. 아이들이 힘들지 않게 하루에 내면화할 수 있는 분량이다.

글의 구성 형식을 익힌다

국어책에 나오는 설명문, 논설문, 기사문, 서평, 발표문 등을 따라 쓰면서 글의 종류에 따라 구조를 배울 수 있다. 이 또한 짓기장에 한 바닥씩 쓰기도 하지만, 짧은 글일 경우 국어 시간에 하루에 한 편을 다 쓰게 해보는 것도 필요하다. 이때는 군이 원고지 양식을 고집하지 않고 글의 전체가 한눈에 보이도록 공책 양쪽에 적게 하여 전체 구조를 파악하도록 하는 것이 좋다. 원고지 양식의 공책에 썼을 때 원고지 사용법을 익힐 수 있음은 두말할 나위가 없다.

칠판에 적는 필사 내용은 아이들을 맞는 아침 인사다. 다음 날 아침 아이들은 쓰면서 소리로 답한다. 그것이 몸에 배고 행동하면서 천천히 그 변화가 찾아오길 기다린다.

📘 교실을 수업 박물관으로 만들어라

수업 중 만들어지는 결과물을 교실 구석구석에 의도와 목적에 맞게 전시하자. 이러한 교실은 수업을 연결 짓고 스토리를 만들어 수업박물관으로 재탄생하게 된다.

세상에는 수많은 박물관이 있다. 의도에 따라 전시된 다양한 전시물로 관람객을 맞이하는 박물관은 우리에게 저마다의 이야기를 들려준다.

그렇다면 교실이 박물관이 된다면 어떨까?

우리가 생활하는 교실에서는 교사와 아이들이 함께 만들어가는 스토리가 담겨 있는 자료가 매일 생겨난다. 이러한 자료를 의도에 맞게 전시해 수업 박물관으로 교실을 재탄생시켜보자. 기존 교실 환경은 학기 초 환경 꾸미기로 설명되는 미학적인 면만이 강조된 경향이 있다. 우리가 만든 고정관념에서 벗어나 수업 이야기가 넘쳐나는 수업 박물관으로 교실을 바꿔보자.

복습이 되는 수업 자료를 전시한다

수업 시간에 아이들 것만 만들어지는 것은 아니다. 교사가 수업 중 사용한 자료 역시 수업 박물관의 훌륭한 전시물이 된다. 아는 만큼 보인다고 한다. 수업 시간에 선생님이 설명할 때는 도저히 이해가 되지 않아 보이지 않던 것들이 나중에 보면 다시 새롭게 보일 수 있다. 교사가 제시한 자료와 아이들의 활동 자료가 함께 있을 때는 연결해서 같이 전시하면 효과적이다. 수업 박물관은 수업 내용 이해를 도와주는 복습 공간의 역할을 한다. 전시된 자료는 전시 학습 상기로 다시 사용할 수 있어 수업을 연결 짓는 유용한 매개물이 된다.

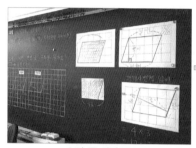
수업 중 설명 자료

수업 후 뒤 게시판에 자료 전시

다음 수업의 징검다리를 놓는다

스토리가 자연스럽게 연결되는 수업이 있다. 수업 중 사용한 자료는 해당 차시에 사용하고 버리지 말고 수업 후 교실 공간에 전시해 다음 수업 내용으로 연결한다. 이어질 수업과 관련 있는 책을 일정 공간에 전시하여 아이들이 자유롭게 다음 수업 전까지 읽어볼 수 있도록 해주어 예습 효과를 주는 동시에 다음 수업 내용으로 활용할 수 있다.

이전 수업과 다음 수업을 연결 짓는 게시물을 전시한다.

또한 일 년 동안 우리나라의 역사를 배우는 사회과 수업 진도에 맞춰 연표를 계속 이어나가는 역사연표 전시관을 만들어 수업의 징검다리를 놓을 수 있다. 수업 중 한 사건씩 배운 내용을 연결하다 보면 역사의 흐름을 자연스럽게 습득하게 되고 다음 시간의 배움을 상상할 수 있다. 수업 중 언제든지 앞에 배운 내용을 상기시킬 수 있는 자료가 우리와 계속 함께 있는 것이다.

기간과 위치를 정해 전시한다

박물관은 상설 전시와 특별 전시로 구별되어 있다. 일 년 동안 계속 전시되는 전시물이 있는가 하면 일정 기간 동안 특별히 전시되는 경우가 있다. 그런데 일부 교실에서는 학기 초 예쁘게 꾸미는 목적으로 만들어서 그대로 일 년 동안 먼지만 쌓이게 해놓는 경우가 있다. 교실은 교사와 아이들의 삶이 담기는 공간이다. 상황에 맞게 끊임없이 변해야 한다.

그러므로 수업 박물관을 만들 때에는 전시 기간과 목적에 맞게 전시 위치를 정해야 한다. 일 년 동안 꾸준히 전시했을 때 효과적인 것과 수업 상황에 따라 바꾸면서 전시할 공간을 구별하는 것이다. 게시판뿐 아니라 복도 쪽 창문, 앞문, 뒷문, 칠판, 보조 칠판, 서가, 사물함 등 교실의 곳곳을 살펴보고 위치에 맞는 전시물과 전시 기간을 설계하는 것이 좋다.

우리 반의 모든 배움이 전시 대상이다

박물관은 미술과 역사만 있는 것이 아니다. 아이들이 학교에서 배우는 모든 것들이 수업 박물관에 전시할 목록 대상이 되어야 한다. 그러므로 교과 구별은 의미 없다. 보통의 교실에는 미술 작품을 중심으로 꿈 목록, 독서 등 특정한 영역을 중심으로 전시한다. 이러한 고정관념에서 벗어나 특정 교과에 얽매이지 않고 교사가 수업 시간에 사용한 여러 가지 자료와 아이들의 활동 자료를 전시할 수 있다. 음악 시간에 배울 악기 전시관, 미술 시간에 사용할 다양한 재료 전시관, 역사 유물 모형 전시관, 수학 입체도형 전시관 등 다채로운 수업 박물관이 만들어질 것이다.

과제물을 게시할 공간을 마련한다

과제물은 완성해서 가져온 순서대로 붙이도록 해보자. 먼저 한 친구들 것을 보고 아직 못한 친구들은 자극을 받거나 참고 자료가 되어 과제를 학급 전원이 완성하는 데 훨씬 도움이 된다. 특히 이 주일 이

아이들 스스로 결과물을 붙여 채워지는 전시 공간

상 기간을 길게 내어준 경우, 먼저 과제를 끝낸 아이의 결과물 전시는 다른 아이들에게 과제의 방향을 이해하게 해주는 디딤돌이 된다.

아이들과 함께 만들어가는 것에는 의미가 담긴다. 전시 학습 상기와 차시 예고처럼 교실에 수업 전에는 아이들의 생각을 열고 수업 후에는 또 다른 배움으로 연결되는 것들을 전시해보자. 우리 반만의 이야기가 담긴 수업 박물관을 만들어보자. 그럼 교실은 이야기가 있는 수업에 색깔을 입힌 공간으로 재탄생할 것이다.

📖 책상 배열 구조를 다양하게 바꾸라

학습 내용에 따라, 학습자 특성에 따라 수업을 새롭게 디자인하듯이 교실의 책상 배열 구조 또한 수업에 맞게 다양하게 바뀌어야 한다. 아이들이 누구와 어떻게 앉아 있느냐에 따라 서로의 관계 맺음이 다르게 나타나기 때문이다.

　　때로는 형식이 내용을 바꾸도록 유도한다. 학습 내용에 따라 학습 구조가 적용되고 학습 활동도 달라진다. 반대로 학습의 구조가 내용에 영향을 미치기도 한다. 원형 테이블에서 교사와 12명의 학생들이 수업을 하는 방식을 고안해낸 하크니스 테이블Harkness table *의 효과처럼 책상의 구조만 바꾸어도 수업이 획기적으로 바뀔 수 있다. 수업은 학습 내용을 중심으로 교사와 아이들이, 아이들과 아이들이 어떻게 상호작용을 하느냐가 중요하다. 책상 배열 구조에 따라 그 상호작용이 원활해지기도 하고 방해가 되기도 한다. 그런데 우리 교실의 책상은 학습 활동과 상관없이 교사가 관리하기에 쉬운 배열로 고정된 경우가 많다.

　　교사 입장에서 가장 통제하기 쉬운 형태는 당연히 책상 전체가 칠판을 향해 정렬된 일자형이다. 이는 제한된 공간에 최대한 많은 수를

• 미국의 석유 재벌이자 자선사업가인 에드워드 하크니스Edward Harkness 이름을 딴 것으로 커다란 타원형 탁자에서 교사와 학생 12명이 둘러앉아 토론식으로 수업하는 방식이다. 모든 사람이 상대방의 얼굴을 볼 수 있는 원형 책상에 앉은 구조이다. 모든 사람이 동등한 위치에서 질문하고 아이디어를 제시할 수 있어 더욱 자유롭게 서로의 의견을 나누며 토론할 수 있다.

들일 수 있고 강의식 수업에서 교사에게 집중시키기가 가장 쉽다는 장점이 있다. 그러나 일제식 책상 구조만을 고정해놓고 교사와 일대일 대응으로 수업을 해서는 아이들에게 활동적 배움, 협동적 배움이 일어날 수가 없다.

가장 활용도가 높은 배열은 2인 짝 형태이다. 모둠 활동을 시작하기 전 충분한 짝 활동 훈련이 되어 있어야 하기 때문에 가장 기본이 되는 교실 형태라 할 수 있다. 번갈아 말하기, 읽

가장 활용도가 높은 2인 짝 구조

기, 쓰기 등 간단하고 다양한 학습 구조를 쉽게 적용할 수 있고 자주 짝 점검할 수 있어 교사의 수업 관리에도 효율적이다. 특히 저학년은 4인 1모둠부터 무작정 만들 것이 아니라 2명이 사이좋게 지내야 4명도 사이좋게 지낼 수 있다. 2명의 소통에서 4명의 소통으로 발전되는 것이다.

다음으로 많은 배열이 4인 모둠형이다. 협동 학습이 교실에 들어오기 이전에는 다인수 학급에서 모둠 학습이 필요한 경우 6인 1조를 많

협동 학습에 적합한 4인 모둠형

이 만들었으나 지금은 거의 모든 교실에서 4인 1모둠 이질적 모둠 구성을 하고 있다. 4인 1모둠은 무임승차나 일벌레가 나올 가능성이 가장 적고 4명일 때 가장 효율적인 상호작용이 일어

난다. 그러나 이것도 일률적이어서는 안 된다. 창의적 아이디어를 최대한 생산해야 할 문제나 규모가 있는 미술 협동 작업을 할 때는 6인 1모둠 형태가 더 적합하다.

아이들 시로가 가장 잘 들게 하는 교실 구조는 ㄷ자 형태이다. 교실의 모든 아이들이 서로 얼굴을 마주 보고 말하는 사람을 바라보게 되는 ㄷ자형 책상 배열은 특히 배움의 공동체 수

듣기와 표현 활동에 좋은 ㄷ자 마제형 구조

업에서 필수적으로 강조된다. 그러나 막상 책상은 이렇게 만들어놓고 수업은 일제식으로 한다면 형식과 내용이 전혀 통일성이 없는 것이다. ㄷ자형 구조에서 아이들은 서로 더 잘 듣게 되고 잘 들으면 긴장도가 낮아진다. 수업이 편안해져야 몰입할 수 있다. 교사 입장에서도 발표 지도가 자연스럽고 순회 지도를 할 경우에도 아이들 사이로 크게 한 바퀴만 돌면 전체를 한눈에 파악하기 쉽다. 그러나 의도와 달리 아이들이 표정이나 웃음으로 수다스러운 교실을 만들어버릴 때도 있어 교사의 치밀한 의도에 따라 변형되어야 한다.

ㄷ자 구조에서 가운데 공간을 만든 마제형 책상 배열도 많이 활용하고 있다. 역할놀이 수업, 토론 수업, 미술 작품 발표회, 무용이나 음악 표현 시간에는 교실 가운데 공간을 비우는 책상 배열이 전달력을 높이고 관람하기 편안하다. 가운데 공간이 생김으로써 아이들 동선이 좀 더 자유로워지고 허용하는 분위기가 만들어져서 창의적인 표현력에 도움이 될 수 있다.

마지막으로 11자형 책상 배열이다. 책상을 양옆으로 밀고 교실 가

운데 공간을 확보함으로써 아이들은 탁 트인 자유로움을 느낀다. 놀이 활동이나 미술 활동을 할 때 가운데에 자료들을 준비해놓고 자유롭게 가져다 쓰게 한다. 교실 앞쪽 칠판 아래에 둘

아이들의 동선이 자유로운 11자형 구조

수도 있지만 아이들의 동선을 훨씬 더 짧게 하고 자유롭게 드나들 수 있다.

책가방으로부터 책상을 자유롭게

다양한 책상 배열 변형에 걸림돌이 되는 것이 있다. 바로 아이들 가방이다. 책상 양옆에 주렁주렁 달린 책가방은 교실을 산만하게 보이게 한다. 그리고 책상을 무겁게 만들어 이동하기 힘들게 된다. 책상을 가방에서 해방시키려면 교실 한 부분에 가방을 정리할 별도의 공간을 마련해야 한다. 교실 사물함 안이나 사물함 위, 창틀 아래 쓰이지 않는 공간을 찾을 수 있을 것이다. 그렇게 하여 가벼워진 책상은 수업 시간에 언제라도 필요에 따라 움직일 수 있고 아이들은 단 몇 초 안에 모둠에서 개인으로, 짝에서 모둠으로 변신할 수 있다. 다양해진 책상 배열 구조만큼 아이들의 사고도 자유롭게 펼쳐지고 학습 활동에 알맞은 자연스러운 소통이 이루어질 것이다.

📖 시각 자료에 집중하라

사회 교과서에서 아이들의 눈을 사로잡는 것은 글이 아니라 시각 자료이다. 이런
자료를 아이들의 말로 표현해낼 수 있다면 글보다 더 큰 배움이 일어난다.

아이들은 왜 사회 교과를 싫어할까? 사회 시간 열심히 공부도 하고
시험 성적도 100점인데 왜 아이들은 우리나라에 대해 잘 모를까? 시
험을 위한 사회 공부를 하고, 외우기만 했기 때문이다. 이 문제를 해결
하려면 우선 사회를 왜 배워야 하는지부터 다시 생각해보아야 한다.
왜 지리를, 역사를, 경제를, 정치를, 그리고 문화를 배워야 할까? 당연
히 이 모든 질문의 답은 '우리가 살아가는 세상이 사회이기 때문에,
사회라는 것이 너무 커서 그 분야를 쪼개어 배운다.'일 것이다.

그렇다면 무엇부터 어떻게 공부하면 아이들에게 사회가 재미있고
유의미한 교과가 될까?

사회 교과서에는 사진·지도·도표·그래프가 많이 나온다. 아이들은
사회 교과서 속의 글보다는 시각 자료로 제시된 표나 그래프, 그림, 사
진에 더 관심을 가지고, 그것을 통해 알게 된 사실을 더 명확하게 이
해한다. 하지만 실제 수업에서 이러한 자료들은 무시되거나 가볍게 취
급된다. 또 자료를 활용하더라도 그것을 해석하기보다 필요한 부분을
찾아보는 것이 보통이다. 그렇다면 자료는 어떻게 해석하는 것일까?
어떻게 활용하는 것이 좋을까?

지도와 놀고 직접 그린다

사회를 10년 동안 배워도 지도 한 장 제대로 보지 못하는 아이들. 가족 여행으로 다녀온 지역도 지도에서 찾지 못하는 아이들. 사회 책만 펴면 한숨부터 쉬는 아이들. 이런 아이들에게 지도 놀이와 초간단 지도 그리기는 사회와 친해질 수 있는 방법이다.

사회를 처음 접하는 3학년이든 사회를 지루하게 생각하는 6학년이든 사회 수업의 시작은 지도 놀이로 해본다. 지도를 펼쳐놓고 지도에 있는 도시 찾기, 기호 찾기, 길 찾기, 국가 찾기 등 다양한 지도로 다양한 놀이를 한다.

1. 지도와 놀기

사회는 모두 연결되어 있다. 지리를 이해해야 경제, 환경, 인간 생활도 이해할 수 있다. 사회 교과서도 지형과 환경을 배우고 그 지역의 문화, 경제, 인간 생활 등을 배우도록 구성되어 있다. 즉 사회 학습의 가장 기초가 지리인 셈이다. 그리고 그 지리의 가장 기초는 지도이다. 지도는 세상 모든 것을 아주 간단하게 표현해놓은 보물창고이다.

이런 보물창고를 단순히 열어 관람만 하지 말고 마음껏 살펴보고 가지고 놀게 해야 한다. 그래서 창고 구석구석을 파악하여 눈 감고도 창고 어디에 보물이 있는지, 그 보물을 어떻게 활용해야 할지 생각할 수 있게 해야 한다.

그러기 위해서 가장 좋은 방법은 지도를 가지고 마음껏 노는 것이다. 놀이를 하다 보면 저절로 지도를 익히게 되고, 지도와 친숙해지면 저절로 지식이 습득되고 내면화될 것이다.

아이들이 가장 좋아하는 지도 놀이는 당연 '빨리 찾기'다. 지도에서 무엇인가를 빨리 찾는 놀이는 스릴 넘치는 인기 만점의 놀이다.

> 교사 세계지도에서 선생님이 부르는 나라를 빨리 찾아 가리킵니다. 대한민국!

이렇게 간단한 방법인데도 아이들은 시간 가는 줄 모르고 목청 높여 참여한다. 그리고 이 놀이는 학년 수준에 맞게 다양하게 구성할 수 있어 좋다.

> 3학년 : 동 이름 찾기, 빠른 길 찾기
> 4학년 : 지역 이름 찾기, 지도 기호 찾기
> 6학년 : 국가 찾기, 수도 찾기, 특산물 찾기

학습과 더 연관시키려면 학습하고자 하는 내용과 관련 있는 지도를 가지고 와서 그에 해당하는 것을 찾는 놀이를 하면 된다. 아이들은 이런 찾기 놀이를 하면서 지도와 친숙해지고 자연스럽게 지도 속 지식들을 습득한다.

2. 지도 그리기

놀이로 익숙해진 지도를 직접 그려보는 것은 매우 중요한 일이다. 놀이를 통해 알게 된 것을 스스로 기록해볼 때 가장 잘 내 것으로 만들 수 있다. 하지만 지도는 실제 지형을 본떠 만든 것이라 매우 복잡하다. 그래서 아이들이 그리기 힘들어한다. 우리나라 지도만 한 시간 넘게 그려도 다 그리지 못하는 아이가 부지기수다.

지도 그리기를 생활화하는 방법은 간단하다. 지도도 간단하게 그리면 된다. 일명 '초간단 지도 그리기.' 지형의 특징적인 모습만 본떠 그리는 방법으로 지도를 활용해 여러 가지 사실들을 기록하기에 유용할 뿐만 아니라 간단하게 그리는 지도라 시간도 단축되고 그리는 아이들도 부담이 적다. 물론 '초간단 지도'는 오류가 많다. 따라서 이런 지도를 그리기 전에 정확한 지도를 그려보고, 초간단 지도의 오류도 인지시켜야 한다.

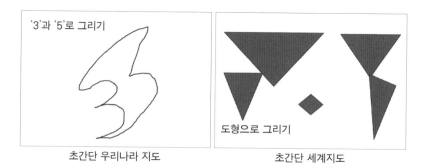

초간단 우리나라 지도　　　　　초간단 세계지도

3. 입체 지도 만들기

초간단 지도 그리기로 지도에 대한 부담을 줄였다면 실제를 내면화하기 위해서 입체 지도나 모형도를 아이들 손으로 직접 제작해보는 것이 좋다. 이 과정에서 아이들은 지도와 실제의 차이점을 알고, 단편적으로 배웠던 지식을 종합하는 능력을 기를 수 있다. 하드보드지와 같은 두꺼운 종이 위에 지점토나 종이죽으로 입체 지도의 틀을 만들고 물감으로 색칠한다. 수업과 연관시켜 내용 붙이기를 하면 된다.

그래프에서는 '사실 찾기'를 한다

그래프를 이용해 아이들과 공부를 하려면 먼저 출처가 어디인지, 그래프의 가로축과 세로축이 뜻하는 바가 무엇인지를 보는 법부터 알려줘야 한다. 그리고 그래프에서 보이는 사실은 무엇인지를 써보게 한다. 그 사실들을 공유한 뒤 그 사실들을 바탕으로 어떤 현상이나 사실을 유추할 수 있는지 등을 순차적으로 찾아보는 것이 해석하는 하나의 방법이다.

'사실 찾기'는 생각보다 간단하지만 아이들이 가장 힘들어한다. 이는 그래프를 보며 찾은 사실을 문장으로 표현하는 것이 어렵기 때문이다. 하지만 여러 번 다음과 같은 과정을 겪다 보면 쉽고 빠르게 자료에서 사실들을 찾아낸다.

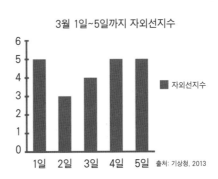

3월 1일~5일까지 자외선지수

출처: 기상청, 2013

1단계	2단계	3단계
눈에 보이는 것 적기	문장으로 조금 자세히 쓰기	종합적으로 생각해서 쓰기
• 막대그래프다.	• 자외선지수를 나타낸 막대그래프이다.	• 5일 중 3일의 자외선 지수가 5이다.
• 2일은 3.	• 2일은 수치가 3이다.	• 2일을 제외하면 5일 중 4일이 자외선지수 가 4 이상이다.
• 1, 4, 5일은 5.	• 1일은 자외선지수가 5이다.	• 3월은 자외선지수가 3~5 사이다.

이렇게 사실 찾기를 하면 스스로 찾은 사실을 바탕으로 유추할 수 있는 것들을 더 쉽게 찾는다.

실제로 6학년 사회 수업에서 관세청에서 만든 자료인 우리나라 수출품의 변화, 우리나라 수입품의 변화, 우리나라 주요 무역 상대국, 무역액의 변화라는 네 종류의 그래프를 순차적으로 살펴보고 해석하면서 아이들은 우리나라 무역의 특징뿐만 아니라 우리나라 무역에서 발생할 수 있는 문제점과 해결 방안까지 스스로 생각하게 되었다. 또한 그래프를 보면서 꺾은선 그래프에서 수치가 갑자기 변한 부분을 발견해내고, 왜 이런 현상이 일어났는지 궁금해했으며, 그 답도 다른 그래프들과 연관 지어 이야기 나누면서 스스로 찾아냈다.

사진에서 질문을 만들게 하라

사회 교과서에서 그래프나 지도만큼 많은 비중을 차지하는 것은 사진이다. 사회 교과서가 실제 사회를 바탕으로 만들어졌기 때문에 실존을 찍어놓은 사진이 많이 들어 있다. 사실 아이들도 지도나 그래프보다 사진을 더 좋아한다. 사진 속의 누가 누구를 닮았다느니, 몇 쪽에 나온 사진 속 장소를 가본 적이 있다느니 하며 사진을 자세히 들여다본다. 아이들 스스로가 사진 속에서 이야기를 만들고 질문을 만들어내는 것이다. 이것을 수업으로 연결시키면 된다.

교사   이 사진을 보며 궁금한 점을 찾아보세요.

학생 1   어디서 찍은 사진이에요?

학생 2   언제 찍었어요?

학생 3   어떻게 찍어요?

교사   사진의 색의 변화와 관련하여 궁금한 점이 없나요?

학생 1   왜 동해와 황해의 바다색이 다를까요?

학생 2   황해 쪽 땅은 왜 황토색이지?

학생 3   북한 쪽에 왜 흰색이 있어요?

학생 4   나뭇잎은 초록색인데 왜 중간중간 갈색으로 보이는 산이 있어요?

이상과 같이 아이들은 사진에서 무수한 의문들을 만들어낼 수 있다. 그 의문들이 학습의 동기가 되고, 그 질문에 대한 답을 찾는 과정이 자연스럽게 배움의 과정이 된다. 그리고 그 배움의 과정이 끝나면 대상에 대한 시각이 달라져 깊이가 다른 질문을 스스로 만든다.

아이들이 좋아하는 시각 자료를 통해 이렇게 자료 해석을 하면서 공부를 계속하다 보면 교과서 속 수많은 글들에서 배우는 것보다 더 많은 개념을 재미있게 이해할 수 있다. 그리고 자료 해석을 아이들의 말로 표현해낼 수 있다면 교사의 설명이나 교과서의 글보다 더 큰 배움을 일으킬 수 있다. 나아가 아이들은 좀 더 쉽게 주변의 사회적 사실과 현상에 관심을 가지고 흥미를 느낄 수 있을 것이고, 생활에 필요한 지식을 능동적으로 습득하고 창의적인 자세로 사회 학습에 임할 것이다.

📖 아이들의 수업 후기에 촉을 세우라

이번 수업 시간 동안 어떤 것을 알게 되었는가? 공부하면서 어떤 부분이 어려웠는가? 더 알고 싶은 것은 무엇인가? 교사들이 수업 일기를 쓰듯 아이들도 자신이 참여한 수업 후기를 쓰게 하자.

수업 후기는 생각의 흐름 속에서 들여다봐야 한다. 교사의 수업 후기는 협의회나 교단 일기로 개인에 따라 다양한 관점에서 들을 수 있다. 교사가 아무리 아이의 관점에서 생각하려 해도 어차피 그 수업 후기는 교사 자신이 예상하는 이야기일 뿐이다. 그러므로 아이들 개개인에게서 직접 수업에 대해 들어야 한다. 그런데 아이들에게 수업 후기를 물어보면 주로 재미있는지 아닌지로 표현되는 느낌 위주가 대부분이다.

"오늘 수업에 대해 이야기해볼까요?"

"재밌었어요."

그럼 아이들의 다양한 수업 후기를 어떻게 들을 수 있을까?

아이들이 쓰는 하루의 마무리 일기 형식으로 수업 후기를 쓰게 해보자. 아이들은 소화한 자기 말로 오늘의 수업에 대해 다양한 관점에서 말하게 된다. 오늘 수업으로 어떤 것을 알게 되었고, 어려운 지점이 어디였는지에 대해 평소 사용하는 언어로 오늘 내가 바라본 관점에서 수업 후기를 이야기하는 것이다. 또한 수업 시간에 배운 학습 용어를 자신만의 후기 속에 자연스럽게 넣어 쓸 것이다.

이러한 수업 후기는 아이에게 첫 번째 복습인 동시에 예습을 하게 만드는 동기를 부여한다. 교사에게는 수업에 직접적으로 참여한 대상의 수업 평을 받을 수 있으므로 다음 수업 설계 자료를 받을 수 있는 통로가 된다. 우리 반 아이들의 수업 후기에 촉을 세우자.

오늘 무지개를 통해 경우의 수를 알게
되었다. 진짜 무지개'라는 주제를
가지고 수업을 했다 오색무지개는
5색으로 서로 다른 무지개를 20개나
넘는 무지개를 만들 수 있었고
삼색무지개는 3색으로 서로 다른 무지개
를 6가지 밖에 만들 수 없었다
2가지 색안 빠졌는데 만들 수 있는
무지개 차이가 정말 컸다 나는 오늘
이 수업을 통해 경우의 수를 더
자세히 배우고 싶고 신기하기도 했다
그리고 어려울 것 같기도 하다

알게 된 것이 무엇인지 예를 들어 설명한다

수업이 마무리되는 시점에 수업 후기를 쓴다. 그럼 자연스럽게 오늘 수업 시간에 알게 된 것이 무엇인지 떠올려보고 자신이 어떤 것을 알게 되었는지를 생각하게 된다.

이때 무엇을 알게 되었는지 구체적인 예를 들면서 쓰게 해보자. 그럼 자신이 알게 된 것을 설명하기 쉬워진다.

수업 후기를 쓸 때 주의할 점은 자신이 알게 된 것이 무엇인지 완전한 문장으로 써야 한다는 것이다. 수학 수업 후기의 경우 식과 계산 중심으로만 쓰는 것이 아니라 오늘 배운 용어를 사용하여 완전한 문장으로 설명하며 쓰게 한다.

수업 후기는 학생들에게 수업 내용에 대한 이해를 도와주는 첫 번째 복습 시간이 되고, 교사에게는 수업 의도가 얼마나 아이들에게 전달되었는지 확인할 수 있는 체크리스트가 된다.

> 오늘은 배수에 대해 배웠다. 배수의 뜻은 '어떤 수의 배가 되는 수'이다. 내가 생각한 배수는 x (수학기호)를 한글로 표현한 게 배수의 '배'인 것 같다. 예를 들어 배수의 기준 수에 □ 배 곱한 수가 기준 수의 배수이다.

어려웠던 부분을 찾는다

수업 시간에 배운 내용을 되짚어 가다 보면 이해가 잘 안 되는 부분을 찾기 마련이다. 그러므로 수업 후기에는 자신이 어렵다고 느꼈던 부분을 찾아 쓰게 한다.

자신이 모르는 부분, 어려웠던 부분을 분명히 쓰다 보면 더 알고 싶다는 학습 동기를 갖게 된다. 또한 이것은 수업 중 어떤 부분이 아이들의 배움을 주춤거리게 했는지 알려주는 알찬 수업 평으로 교사의 다음 수업 설계에 중요한 자료가 된다.

> +와 -가 관련 있는 것처럼 배수와 약수도 관계가 있다. 12는 1,2,3,4,6,12의 배수이고, 1,2,3,4,6,12는 12의 약수이다. 그런데 '12는 1,2,3,4,6,12의 배수입니다'가 이해가 안 된다. 1,2,3,4,6,12의 배수 중의 하나가 12인 건가?

궁금한 점을 묻는다

배움이 가장 아름다운 순간은 또 다른 배움으로 나아가고자 하는 의지를 갖게 되었음을 확인하는 순간이다. 오늘 배움으로 생긴 궁금한 점을 질문으로 쓰게 한다.

아이들의 의문점은 수업 마무리와 과제 설정에 도움을 준다. 또한 아이의 사고 속에 현재 수업이 다음 수업으로 어떻게 연결되는지 알려주는 자료가 된다.

> 종이봉지공주의 성격에 대해 이야기했다.
> 맞는 것도 있고 맞지 않는 것도 있었다.
> 인물의 성격과 사건 전개는 관계가 있다.
> 만약 종이봉지공주가 소심하면 아예 왕자를
> 찾으러 가지도 않았을 거다. 근데 인물의 성격을
> 먼저 정하고 사건을 만들까? 사건의 전개를
> 먼저 만들고 인물의 성격을 정할까?

수업 후 얼마 지나지 않아 교사도 아이들도 그 수업을 잊어버린다. 하지만 아이들의 수업 후기는 아이 스스로 어떤 것을 알게 되었고, 공부하면서 어려웠던 부분, 더 알고 싶은 것은 무엇인지 말해주는 수업 타임머신이 된다.

수업은 소통이며 상호작용이다. 아이들과 수업 대화를 나누며 함께 만들어가는 수업의 출발점이 되는 후기를 쓰게 하자. 교사는 아이들의 수업에 대한 반응, 아이들의 소리를 민감하게 들어주려는 노력이 필요하다. 수업이 마무리될 때 시간을 내어 공책에 일기 형식으로 수업 후기를 쓰는 것은 아이들의 분명한 소리를 들을 수 있는 통로가 된다. 자신의 일상을 자연스럽게 기록하는 일기도 친구들 앞에서 읽어주며 쓰는 방법을 알려주듯이, 수업 후기도 학급 친구들의 글을 들려주는 것이 좋다.

　교사와 아이들의 수업 평은 다를 수 있다. 교사의 시선이 아닌 아이의 시선으로 반짝이는 앎의 순간과 주춤거림의 순간을 들려주는 수업 후기에 주목하자.

📖 학습 용구의 차이로 수준을 올려라

악기 연주가들이 악기를 따지듯, 요리사들이 요리의 재료를 따지듯 아이들이 사용하는 교구도 꼼꼼히 따져라.

"오늘 숙제는 다른 크기의 원을 5개 그려 오는 겁니다."
"5개는 너무 많아요!"
"아무리 잘 그리려고 해도 한 번에 원이 안 그려져요. 짜증 나요."

아이들은 왜 원 그리기를 싫어할까? 컴퍼스를 그냥 돌리기만 하면 되는데 왜 싫을까? 이○○은 아무리 노력해도 원이 그려지지 않는다. 컴퍼스의 다리를 벌려 정확한 수치를 잰 뒤 공책에서 컴퍼스를 돌리지만 한 번에 그려지지 않는다. 여러 번 그리지만 그릴 때마다 모양이 다르다. 답은 컴퍼스에 있었다. 그 아이가 사용하는 컴퍼스는 두 다리가 잘 고정이 되지 않아 원이 그려지지 않았다. 하지만 아이들은 자신이 잘 못하기 때문에, 원이 원래 그리기 어려운 것이기 때문이라고 생각한다. 교사들도 이런 경우 아이들이 못 그리기 때문이라고 생각하지 컴퍼스에 문제가 있다고 생각하는 경우는 드물다.

이렇듯 학습 용구를 이용한 수업을 하다 보면 아이들의 능력이 아닌 용구 때문에 학습이 제대로 발현되지 않는 경우가 종종 있다. 그렇다면 어떤 용구가 좋을까?

필통 안에 갖추어야 할 기본적인 학습 용구부터 꼼꼼히 따져보자

1. 연필

요즘은 샤프를 사용하는 학생도 많은데, 샤프는 힘 조절이 안 되는 경우 쉽게 심이 부러지고, 고장도 잦아 학습 방해 요인이 된다. 그리고 바닥에 떨어지는 샤프심은 교실 환경에도 좋지 않다. 뿐만 아니라 바른 글씨 형성에 도움이 되지 않으므로 샤프보다는 연필이 좋다.

처음 연필을 접하는 저학년은 어떤 연필을 사용하는가에 따라 글씨가 달라지기도 하므로 심이 무르고 진한 2B → B → HB로 순서로 선택해서 사용하면 좋다.

2. 지우개

지우개는 요즘 유행하는 캐릭터 지우개가 아닌 네모반듯한 모양이 좋다. 또 너무 무르지도 딱딱하지도 않아야 잘 지워진다. 크기는 필통에 들어가는 정도가 가장 좋다.

3. 자

자는 일자형으로 필통 안에 들어가는 크기가 좋으며, 눈금이 정확히 인쇄된 것이 좋다. 그리고 눈금 있는 방향에 깨진 부분이 있으면 교체해주어야 한다.

모양자는 자의 기능도 하면서 여러 가지 모양을 쉽게 그릴 수 있어 저학년 아이들이 아주 좋아하지만, 쉽게 부서지고 크기가 커서 필통에 보관이 잘 안 된다.

4. 가위

초등학교에서 가위는 우유팩 정도의 두께가 잘리는 튼튼한 것이 좋다. 유아용 안전가위가 물론 안전을 위해 좋지만 초등학생 이상이면 이보다는 잘 잘리는 가위가 좋다. 그리고 끝이 너무 뾰족한 가위나 손잡이 부분에 손가락만 들어가는 가위보다는 아이의 손이 안정감 있게 들어가고 끝은 약간 둥근 것이 좋다.

5. 필통

필통은 책상 서랍에 들어가는 크기가 적당하다. 재질이나 모양, 기능은 자유롭게 선택하되 연필, 지우개, 자 등을 잘 보관할 수 있는 것들 중에서 수업 중 필통이 학습을 방해하지 않도록 책상 서랍에 넣을 수 있는 크기가 좋다.

필통 안에는 그 외에도 학습 내용 정리가 용이하고, 자기 채점에 사용할 색연필이나 색볼펜을 넣어둔다. 그리고 학용품 및 수업 준비물 관리에 꼭 필요한 이름을 적어두기 위한 네임펜도 함께 준비해두면 좋다.

학습 효과를 높이는 용구는 이렇게 따져보자

1. 컴퍼스

컴퍼스의 중심점이 컴퍼스를 돌리는 사람의 힘에 의해 어긋나는 경우, 즉 중심이 고정되지 않고 쉽게 이동하는 경우에 합동인 두 삼각형을 그리기가 어렵다. 교사조차도 고정되지 않은 컴퍼스의 다리 때문에 삼각형 크기가 달라지는 경우가 종종 있다. 따라서 컴퍼스는 다리의 고정이 단단하되 조절이 용이하고, 쉽게 연필을 바꾸어 끼울 수 있는 것이 좋다. 제도형 컴퍼스는 눈금도 있고 정확성이 뛰어나지만 가격이 비싸고 초등학생이 사용하기에 복잡하다.

2. 각도기

삼각자 안에 있는 각도기나 중심점에 구멍이 뚫려 있는 경우 오차가 크다. 따라서 각도기는 0에 있는 점이 크지 않아 아이들이 중심점을 쉽게 잡을 수 있고 눈금자의 인쇄가 선명하며 좌우의 눈금자 색이 다른 것이 좋다. 그리고 각도기의 크기는 변의 길이에 맞는 것이 좋은데, 초등 교과서에는 대부분 작은 변의 길이들만 있으므로 아이들은 작은 것을 준비하는 것이 좋다. 다만 교사는 다양한 종류의 각도기를 구비해놓는 것이 좋다. 그리고 각도 측정 수업에서는 한 종류의 각도기를 사용하는 것이 좋다.

3. 모형 시계

저학년에 나오는 시계 단원은 교사용과 아동용이 크기는 다르되 같은 모양이어야 한다. 또 시와 분을 구별하도록 긴 바늘과 짧은 바늘이 다른 색깔로 되어 있어야 한다. 특히 바늘을 돌릴 때 소리가 나지 않는 제품을 선택해야 한다. 20명 이상의 아이들이 한꺼번에 시계를 돌리는 시끄러운 소리가 나면 수업 집중에 큰 방해가 되기 때문이다. 저학년 아이들은 시계 뒤에서 다이얼을 돌리는 조작이 쉽지 않으므로 직접 손가락으로 바늘을 움직일 수 있는 것이 좋다. 시계의 분 단위 숫자는 아예 없는 것도 있고 1분 단위로 모두 쓰여 있는 것도 있는데 5분 단위만 쓰인 것이 아이들에게 적절하다.

4. 붓

아이들은 대부분 다양한 크기의 붓 세트를 준비해온다. 그런데 그림을 그릴 때 붓에서 나오는 털과 크기가 맞지 않는 붓을 사용해서 본 실력보다 그림이 잘 그려지지 않을 때가 있다. 실제로 초등학교에서 그림을 그릴 때에는 많은 종류의 붓이 필요하지 않다. 가령 수채화용 미술 붓은 여러 종류를 함께 판매하는 세트보다는 15호 정도의 굵기에, 둥근 붓이 좋다. 그리고 털이 잘 빠지지 않고, 부드러우면서도 탄성이 좋고 끝이 잘 모이는 것이 좋다.

5. 리코더

리코더는 바로크식(B)과 저먼식(G)이 있다. 두 가지 모두 장단점이 있으므로 어느 것을 사용해도 무방하나 아이들의 손가락 길이가 다르므로 일체형보다는 조립형이 좋다. 리코더를 구입한 후에는 리코더 집에 있는 물품을 잘 보관해야 한다. 리코더 집에는 리코더 운지법이 있는 설명서와 구리스(기름), 소제봉, 목걸이가 있다. 이 중 설명서는 여느 교재보다 훌륭한 내용이므로 꼭 보관하도록 안내하고, 구리스의 경우 리코더의 관을 연결할 때 유용하므로 사용법을 알려 리코더의 수명을 늘릴 수 있다.

리코더는 장난감이 되어버리기 쉽기 때문에 수업 전 리코더 상태를 항상 점검하는 것이 좋다. 만약 리코더 합주가 목적이라면 같은 브랜드의 같은 종류의 리코더를 준비하는 것이 좋다. 독주가 목적이라면 브랜드를 통일할 필요는 없지만 전문가가 아닌 아이들은 출발선을 동등하게 해주는 것이 한소리를 내는 가장 좋은 방법이다.

악기 연주가들이 좋은 소리를 연주하기 위해 악기 상태를 일일이 살피고 확인하듯이, 요리사들이 맛있는 음식을 만들어내려고 재료를 하나하나 살펴보고 검열하듯이, 교사는 아이들이 사용하는 교구를 꼼꼼히 따져보고 수업에 투입해야 한다. 특히 정확성을 요구하는 자, 컴퍼스, 각도기, 리코더와 같은 용구는 교사가 더 확실하게 확인해야 한다. 그 과정에서 용구 때문에 나올 수 있는 오류를 미리 확인해두고, 아이들의 잘못이 아니라 용구의 잘못일 수 있음을 교사가 인지하고 아이들에게도 인지시켜야 한다.

그리고 양질의 용구를 늘 여분으로 준비해둔다. 학교에서 제공하든 아이들이 준비하든 어떤 용구이든 오류는 발생할 수 있다. 그에 대한 대비책으로 교사는 양질의 용구를 여분으로 준비해두어야 한다. 그래야 아이들이 다음에는 문제가 없는 용구를 준비할 수 있다. 또 여분으로 준비된 양질의 용구를 경험함으로써 실패에서 오는 좌절감을 금세 극복할 수 있다. 더 이상 학습 용구의 오류가 자신의 탓이라 생각하며 배움을 멀리하는 일이 일어나서는 안 될 것이다.

일상의 수업을 기록하라

좋은 수업을 하기 위해 계획하고 기록하는 일은 중요하지만, 모든 수업 시간을 기록하기는 쉽지 않다. 그럼에도 불구하고 수업을 기록해야 교사가 성장할 수 있다.

수업은 꼭 기록해야 할까? 수업을 미리 계획하고 기록하는 것, 수업을 하고 난 뒤의 결과를 기록하는 것이 사소해 보일 수도 있지만 수업 전반에 미치는 영향은 크다. 수업 계획을 기록해둠으로써 교사는 수업 중 다음에 무엇을 해야 할지 고민하지 않고 학생들이 현재 하고 있는 활동에 집중할 수 있다. 그리고 자신의 수업을 기록하는 것은 스스로를 돌아보는 성찰의 근거 자료가 될 뿐만 아니라 다음 수업을 계획하는 밑바탕이 되기 때문에 기록은 중요하다.

왜 일상의 수업을 기록해야 할까?

당연한 말이지만 교사가 매일 수업을 하기 때문이다. 그리고 그 수업들이 교사의 일상이기 때문이다. 누군가에게 보이기 위한 날에 하는 수업이 아닌 아이들과 매일 매시간 함께하는 수업들에 의해 교사의 전문성이 신장된다. 아이들에게도 일상의 수업은 소중하다. 평범한 일상의 수업들이 모여서 아이들의 전체 배움이 된다. 그것이 중요하다.

특별한 수업은 집들이 잔치일 뿐이다. 따라서 일상의 수업을 소중하게 여기고 기록해야 한다.

사실 수업 계획을 기록하고 수업 과정을 기록하는 일은 교사로서 열정이 있고, 부지런하다면 누구나 할 수 있다. 그리고 현재 대한민국의 모든 교사들은 각자의 의미에서 제대로 수업을 하고 있다. 단지 기록을 남기는 교사와 남기지 않는 교사라는 차이가 있을 뿐이다. 또 기록을 남기는 교사 중에서 그것들을 모아두느냐, 모아두지 않느냐의 차이가 있을 뿐이다. 여기에서 말하는 일상 수업의 기록은 모두 모아두는 기록이며, 수업 전 기록과 수업 후 기록을 구분해서 남기라는 것이다.

초간단으로 수업 계획 기록하기

문제는 수업 기록이 여간 힘든 게 아니라는 점이다. 특히 대한민국에서 교사로서 활동하고 있다면 학습지도안에 얼마나 많은 시간을 투자해야 하는지 잘 알고 있을 것이다. 상세하게 적은 지도안(세안)이 아니라 간단한 지도안(약안)일지라도 시간이 걸린다.

이 틀을 깨야 한다. 통용되는 지도안 방식으로는 매일 매시간을 기록하기 힘들다. 수업 계획 기록은 현장에서 바로 적용하고 실행 가능한 기록이어야 한다. 현실적으로 수업 외에 행정적으로 처리해야 할 업무가 있는 교사나 학생 생활지도에 힘쓰고 아이들과 행복한 삶을 만들려고 다양한 학급 운영에 노력하는 교사는 본업인 수업을 위해 투자할 수 있는 시간이 많지 않다. 그리고 우리나라에는 이런 교사가 대부분이다. 이들이 짬을 내어 할 수 있는 기록 방법이어야 한다.

여기서 말하는 '초간단으로 수업 계획 기록하기'는 매우 일상적이고 평범하여 실망할지도 모른다. 대신 아주 소박해서 누구나 쉽게 따라 할 수 있다. 수업 중 무엇을 배울 것인지, 어떻게 배울 것인지, 어떤 것들이 필요한지, 놓치면 안 되는 발문만 기록해둔다.

1. 학습의 흐름으로 계획하기

가장 쉬운 방법은 학습의 흐름을 기록하는 것이다. 해당 차시의 학습 목표에 도달하기 위해 학생들이 해야 하는 활동이나 학습의 흐름을 기록하는

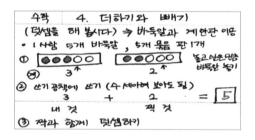

방법으로 학습 순서라고 보면 된다.

2. 핵심 발문으로 계획하기

때로는 하나의 핵심 발문이 수업 전체를 이끌어 갈 때도 있다. 그런 수업에 대한 기록은 핵심 발문만으로 기록을 남기는 것이 좋다.

3. 자료 위주로 계획하기

수업 흐름이 간단하거
나 일상적이라면 투입되
는 자료 위주로 기록하는
것도 좋다. 그리고 어떤
수업에서는 자료를 어떻
게 활용하는지가 수업 계

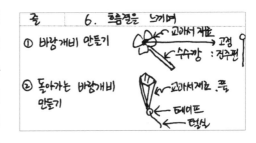

획에서 더 중요할 때가 있다. 이럴 때는 자료 위주로 기록을 한다.

4. 학습 내용으로 기록하기

개념 학습의 경우 학습
흐름보다 중요한 것이 개
념이다. 어떤 개념을 아이
들에게 가르쳐야 하는지,
어떤 개념을 어떻게 풀어
서 가르쳐야 하는지를 중
심으로 기록하는 방법이다.

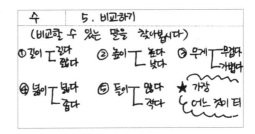

여러 가지 방법으로 수업 장면 남기기

수업 중 칠판의 판서나 아이들의 답변, 아이들의 오류 지점을 기록
해놓는다면 교사가 다음에 그 수업을 다시 하지 않아도 큰 재산이 된
다. 하지만 수업 과정이나 수업 결과를 교사가 기록하기는 어렵다. 수
업에 몰입하면 할수록, 아이들의 배움에 집중하면 할수록 교사는 자

신의 수업을 기록할 시간이 없다. 그럼에도 불구하고 교사의 수업력을 향상시키려면, 아이들이 더 나은 배움을 경험하는 수업을 만들려면 수업에 대한 기록은 있어야 한다. 그러면 어떻게 수업에 대한 기록을 남길 수 있을까?

1. 아이들의 공책 활용하기

공책을 수업 결과로 보면 된다. 아이들의 공책은 수업의 처음부터 끝까지가 다 기록되어 있다. 대부분의 아이들은 교사가 칠판에 적은 내용은 모두 적어둔다. 몇몇은 교사가 하는 설명도 정리해둔다. 이런 아이가 없다 하더라도 아이들의 공책을 살펴보면 수업의 흐름, 중요한 내용, 아이들의 배움의 과정을 볼 수 있다.

그런 아이들의 공책은 시간이 지난 뒤에 보아도 수업을 떠올릴 수 있다. 내 수업을 다시 떠올린다는 것은 내 수업을 반성할 밑바탕을 만들 수 있다는 것을 의미한다.

2. 칠판 사진 찍기

칠판은 교사의 공책이다. 공부할 문제부터 활동, 문제 풀이 등 학습의 흐름을 모두 볼 수 있다. 수업 중간에 지우지 않는다면 수업 전체의 흐름을 모두 볼 수 있다. 그리고 수업 마치고 쉬는 시간을 이용하거나 몇 초 만에 기록을 남길 수 있는 장점이 있다.

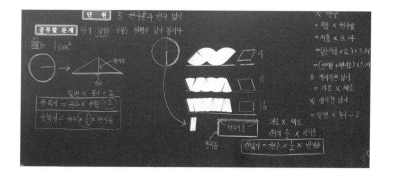

3. 캠코더 생활화하기

가장 쉬우면서 큰 용기가 필요한 수업 기록 방법 중 하나가 수업을 촬영하는 것이다. 교실 한곳에 캠코더를 설치해 수업의 처음부터 끝까지를 동영상으로 기록해두는 방법이다. 교사 본인의 수업 기술을 확인하고 싶다면 교실 뒤쪽 창가에 설치해두고 칠판을 중심으로 촬영한다. 아이들의 배움 과정이나 수업 설계가 제대로 되었는지를 확인하고 싶다면 교실 앞쪽 창가에 설치해두고 아이들을 향해 촬영하면 된다. 아이들 사이의 상호작용을 기록해두고 싶다면 한 모둠을 선택하여 촬영하면 된다. 처음에는 카메라가 낯설어 부자연스럽고 불편하겠지만 지속적으로 촬영하다 보면 좋은 수업 기록물이 된다.

4. 수업 일기 쓰기

교사가 스스로 자신의 수업을 돌아보는 형식으로 일기를 기록한다. 형식은 자유롭게, 수업 일기를 쓰는 과정에서 교사 스스로 자신의 수업을 반성할 수 있다.

2014. 4. 9.

몸으로 익히는 사회 시간

우리나라 지형의 특징에 대해 거의 마무리하는 시간이다. 그동안 위성도와 지형도, 행정도를 보고 살피고 그려 보며 기본적인 사회 지식을 익힌 뒤 오늘 모둠끼리 지형 모형을 만들고 특징을 썼다. 4절 크기 하드보드지에 직접 지도를 그려 넣는 작업부터 지점토 3개를 써서 입체로 표현하고, 사회, 사탐, 사부도에서 참고할 사진과 그림을 찾아 색도 입히고, 마지막으로 특징을 포스트잇에 적어 지형별로 붙이기…….

1교시 아침 산책 후 조금 늦게 들어와 지난 사회 시간에 대한 정리 좀 하고, 하는 방법을 간단히 소개했다. 2~4교시까지 미술과 통합해서 모둠 활동을 했다. 총 4시간의 사회, 미술 시간이 휘리릭 지나갔다. 이렇게 열중하며 지리를 익힌 우리 아이들~ 말하지도 않았는데 한라산과 백두산을 화산으로 표현하고, 독도도 챙기고, 대한해협도 챙긴다. 나도 아이들도 즐거운 4시간의 수업이었다.

그런데 오후에 아이들이 가고 난 뒤 살펴보니 지점토가 갈라지는 모둠도 생기고, 무게가 너무 무거워 하드보드지가 휘는 현상도 보인다. 다음에 할 때 지점토 말고 사용할 수 있는 것을 찾아봐야겠다. 또 이 활동을 먼저 하고 사회 지식을 익히는 것이 좋을지 이 활동을 이번처럼 마지막에 하는 것이 좋을지 고민해봐야겠다.

수업 계획을 기록하는 것은 뚜렷한 수업 목표를 갖게 해주고, 효율적인 교수법의 선택에 도움이 되며, 교사와 학생 모두를 고려한 수업 계획을 세우도록 도와준다. 그리고 교사들이 수업에서 자신이 잘 알고 살할 수 있는 수업 기술을 제대로 수행할 수 있게 해준다. 또한 수업 결과 기록은 나의 수업을 반성하는 훌륭한 자료가 된다. 그리고 다음 수업 설계에 청사진이 된다.

교사 스스로가 일상의 수업을 소중히 여기고 기록한다면 그 어떤 수업 기술 관련 연수를 받는 것보다, 수업과 관련된 책을 읽는 것보다 더 좋은 교육 자료가 될 것이다. '티끌 모아 태산'이라는 말도 있듯이 일상에서 이루어지는 소소한 수업들이 모여 교사의 수업력으로 다져질 것이다.

저자 소개

아이함께–경남협동학습연구회 www.ihamggea.pe.kr
협동적 가치를 추구하는 교실
배움과 감동이 있는 수업
학생과 교사가 함께 성장하는 배움

을 추구하며 2001년부터 시작된 교사연구회로 현재 경남의 창원, 김해를 비롯해
9개 지역에서 200여 명의 회원들이 매주 모여 수업에 대한 성찰과 나눔을 실천
해오고 있다.

김명숙
아이들과 함께하는 수업은 발견과 놀라움과 기쁨과 어려움의 연속이다. 언제나
아이들 속에 답이 있다.

김미경
교사는 조금 가르치고, 아이들이 많이 배우는 수업을 하고 싶습니다. 많이 준비하
고 생각해야 덜 말할 수 있다는 것을 깨달았습니다. 적게 말하는 교사가 되고자
합니다.

송주희
수업에 몰입하여 혼자 앞서가다 허위허위 아이들을 찾으러 돌아오곤 한다. 아이
들이 아하! 하고 깨치는 순간, 눈을 반짝이며 저절로 조용해지는 순간 교사로서
가장 행복하다고 느낀다.

윤혜정

삶의 동기 부여가 되는 배움에 대한 희열을 경험한다면 아이들은 스스로 배움을 추구하지 않을까? 아이들에게 배움에 대한 의지를 심어줄 수 있는 수업을 하고 싶다. 가슴이 뛴다. 다행이다! 나의 가슴을 뛰게 해준 연구회가 고맙다. 그리고 아이들이 고맙다.

이소영

아이들은 언제나 나보다 한발 앞에 있다. 그래서 나는 오늘도 아이들에게 하나를 가르치고 두 개를 배운다.

정정숙

수업은 늘 새롭다. 그래서 끊임없이 배우고 나누어야 한다. 혼자라면 제자리걸음 하고 있겠지만 같은 방향을 바라보며 고민하는 연구회 선생님들, 나를 성장시켜 주는 나의 보물인 아이들에게 고마울 따름이다.

정철희

출근해서 공문과 업무를 떠올리면 마음이 무겁고 급해진다. 하지만 책상 앞을 떠나서 학생과 마주하는 그 순간, 무엇의 방해도 받지 않고 소중한 학생들과 교감하는 수업 시간, 그것이 나에게는 Healing.

최정연

어제보다 나은 교사로 나를 성장하게 하는 동료 선생님들과 우리 아이들이 있기에 오늘도 저는 행복합니다.

삶의 행복을 꿈꾸는 교육은 어디에서 오는가?

● **교육혁명을 앞당기는 배움책 이야기** 혁신교육의 철학과 잉걸진 미래를 만나다!

● **비고츠키 선집** 발달과 협력의 교육학 어떻게 읽을 것인가?

01 생각과 말
레프 세묘노비치 비고츠키 지음 | 배희철·김용호·D. 켈로그 옮김
690쪽 | 값 33,000원

02 도구와 기호
비고츠키·루리야 지음 | 비고츠키 연구회 옮김
336쪽 | 값 16,000원

03 어린이 자기행동숙달의 역사와 발달 I
L.S. 비고츠키 지음 | 비고츠키 연구회 옮김 | 564쪽 | 값 28,000원

04 어린이 자기행동숙달의 역사와 발달 II
L.S. 비고츠키 지음 | 비고츠키 연구회 옮김 | 552쪽 | 값 28,000원

05 어린이의 상상과 창조
L.S. 비고츠키 지음 | 비고츠키 연구회 옮김 | 280쪽 | 값 15,000원

06 성장과 분화
L.S. 비고츠키 지음 | 비고츠키 연구회 옮김 | 308쪽 | 값 15,000원

07 연령과 위기
L.S. 비고츠키 지음 | 비고츠키 연구회 옮김 | 336쪽 | 값 17,000원

08 의식과 숙달
L.S 비고츠키 | 비고츠키 연구회 옮김 | 348쪽 | 값 17,000원

09 분열과 사랑
L.S. 비고츠키 지음 | 비고츠키 연구회 옮김 | 260쪽 | 값 16,000원

10 성애와 갈등
L.S. 비고츠키 지음 | 비고츠키 연구회 옮김 | 268쪽 | 값 17,000원

11 흥미와 개념
L.S. 비고츠키 지음 | 비고츠키 연구회 옮김 | 408쪽 | 값 21,000원

12 인격과 세계관
L.S. 비고츠키 지음 | 비고츠키 연구회 옮김 | 372쪽 | 값 22,000원

13 정서학설 I
L.S. 비고츠키 지음 | 비고츠키 연구회 옮김 | 584쪽 | 값 35,000원

14 정서학설 II
L.S. 비고츠키 지음 | 비고츠키 연구회 옮김 | 480쪽 | 값 35,000원

비고츠키와 인지 발달의 비밀
A.R. 루리아 지음 | 배희철 옮김 | 280쪽 | 값 15,000원

비고츠키의 발달교육이란 무엇인가?
비고츠키교육학실천연구모임 지음 | 412쪽 | 값 21,000원

비고츠키 철학으로 본 핀란드 교육과정
배희철 지음 | 456쪽 | 값 23,000원

비고츠키와 마르크스
앤디 블런던 외 지음 | 이성우 옮김 | 388쪽 | 값 19,000원

교사와 부모를 위한 비고츠키 교육학
카르포프 지음 | 실천교사번역팀 옮김 | 308쪽 | 값 15,000원

수업과 수업 사이
비고츠키 연구회 지음 | 196쪽 | 값 12,000원

관계의 교육학, 비고츠키
진보교육연구소 비고츠키교육학실천연구모임 지음
300쪽 | 값 15,000원

교사와 부모를 위한 발달교육이란 무엇인가?
현광일 지음 | 380쪽 | 값 18,000원

비고츠키 생각과 말 쉽게 읽기
진보교육연구소 비고츠키교육학실천연구모임 지음
316쪽 | 값 15,000원

레프 비고츠키
르네 반 데 비어 지음 | 배희철 옮김 | 296쪽 | 값 21,000원

혁신교육 존 듀이에게 묻다
서용선 지음 | 292쪽 | 값 16,000원

다시 읽는 조선 교육사
이만규 지음 | 750쪽 | 값 33,000원

대한민국 교육혁명
교육혁명공동행동 연구위원회 지음 | 224쪽 | 값 12,000원

교실 속으로 간 이해중심 교육과정
온정덕 외 지음 | 224쪽 | 값 13,000원

포스트 코로나 시대의 교육
성열관 외 지음 | 224쪽 | 값 15,000원

내일 수업 어떻게 하지?
아이함께 지음 | 300쪽 | 값 15,000원

핀란드 교육의 기적
한넬레 니에미 외 엮음 | 장수명 외 옮김 | 456쪽 | 값 23,000원

한국 교육의 현실과 전망
심성보 지음 | 724쪽 | 값 35,000원

독일의 학교교육
정기섭 지음 | 536쪽 | 값 29,000원

교실 속으로 간 이해중심 통합교육과정
온정덕 외 지음 | 224쪽 | 값 15,000원

초등 백워드 교육과정 설계와 실천 이야기
김병일 외 지음 | 352쪽 | 값 19,000원

학습격차 해소를 위한 새로운 도전
보편적 학습설계 수업
조윤정 외 지음 | 240쪽 | 값 15,000원

참된 삶과 교육에 관한
생각 줍기